郑 念 王丽慧 主 编
严 俊 尚 甲 副主编

科技志愿服务的
理论与实践

Theory and Practice
of Voluntary
Service in Science
and
Technology

社会科学文献出版社
SOCIAL SCIENCES ACADEMIC PRESS (CHINA)

科技志愿服务的理论与实践

主　　编　郑　念　王丽慧

副 主 编　严　俊　尚　甲

课题组成员　戴爱兵　方　炎　何　丹　何　葳　刘翔宇
　　　　　　潘锐焕　尚　甲　邵　颖　孙　莹　谭玉莹
　　　　　　王丽慧　王唯滢　严　俊　杨建松　杨思思
　　　　　　张晓静　赵　菡　赵　沛　郑　念　朱洪启

前　言

　　志愿服务是社会文明进步的重要标志，是加强精神文明建设、培育和践行社会主义核心价值观的重要内容。大力弘扬志愿精神，推动志愿服务事业发展壮大，涵养培育互助和谐、共享共赢的社会文明新风尚，是志愿服务助力形成社会治理新格局，推动社会文明进步的题中应有之义。2018 年 7 月，中央全面深化改革委员会第三次会议审议通过了《关于建设新时代文明实践中心试点工作的指导意见》，开启新时代文明实践中心建设试点，其目的在于在基层宣讲理论知识、培育主流价值、活跃文化生活、推动移风易俗，而新时代文明实践的主要形式就是志愿服务，主要力量就是广大志愿者。可以说，开展新时代文明实践，是当代中国推进、拓展志愿服务的一项重要突破性举措，也是提升社会文明、支撑高质量发展的一项浩大工程。

　　科技志愿服务是志愿服务的组成部分，在新时代文明实践中心试点建设开展之前就有深厚的实践基础，并在科技知识的宣传普及，开展实用技术服务，以及提高公众的科学素质方面发挥了重要作用。科技与科普平台是新时代文明实践五大平台之一，同时，大力普及科学知识、弘扬科学精神也是新时代精神文明建设和人民追求美好生活的需求所在。相关科技部门和科协组织立足基层发展趋势和群众需求，统筹配置优势资源，广泛开展以科技培训、科学普及为代表的科技志愿服务活动，为经济社会发展注入科技动能，同时不断提炼经验，完善体系，探索新时代文明实践中科技志愿服务拓展深化的路径和机制。

中国科学技术协会（简称"中国科协"）作为新时代文明实践建设的主要参与部门，一直积极倡导并深度融入新时代文明实践中心试点建设。2019 年中国科协组织专家赴东三省进行了科技助力东北振兴调研，其中新时代文明实践中心试点建设也是重点考察研究主题之一。调研期间，中国科普研究所课题组主要考察了吉林省科技志愿服务、科普赋能发展的情况，在此基础上，于 2020 年专门设立了新时代文明实践科技志愿服务调查研究课题，与北京科技大学、北京科技情报研究所、九三王选关怀基金会共同合作，对全国各省份试点地区开展新时代文明实践科技志愿服务的情况进行详细调研，了解各地的试点推进进展，考察各地科技志愿服务推广情况、典型做法、有效模式，并发掘存在的现实困难，提出相应政策建议，以期对科技志愿乃至志愿服务整体格局优化拓展提供参考。课题组在问卷调查的基础上，实地调研了宁夏、江苏、山东、吉林等省份，详细了解了各地科技志愿服务的开展情况，获得了大量科技志愿服务的一手调研资料。本书基于上述的研究和工作，对国内外志愿服务和科技志愿服务相关研究进行汇总梳理，重点分析新时代文明实践建设中的科技志愿服务，首次详细呈现了国内科技志愿服务发展现状，并挑选典型地区、典型案例进行详解，全方位展现科技志愿服务发展的历史、现实并提出未来发展建议。

课题组

2021 年 8 月

目 录

第一部分 理论研究

第二部分 调查分析

第三部分　典型案例

第一部分 理论研究

第一章
国内外志愿服务研究回顾

王唯滢 *

志愿服务是社会文明进步的标志之一，是培育和践行社会主义核心价值观的有效载体，也是创新社会治理的重要实践。中华民族自古以来就有崇德向善、爱人助人的传统美德，从某种程度上讲，志愿服务在我国古已有之。新中国成立后，党领导的社会主义建设充分彰显了我国人民甘于奉献、舍己为人的伟大志愿精神。改革开放后，规范化的、现代化的志愿服务正式落地中国并获得迅速发展。随着我国志愿服务规模不断扩大，领域不断拓展，受到社会各界高度认可，学术界也就志愿服务展开了充分的研究。

梳理和分析国内外志愿服务的历史与发展、理论与实践，有助于

* 王唯滢，中国科普研究所博士后，研究方向为科学文化、科技传播等。

正确认识和看待志愿服务，也有助于指导特定领域的志愿服务研究与实践，从而进一步推动新时代志愿服务的蓬勃发展。

一　相关概念和研究概况

（一）志愿服务及相关概念

对志愿服务（volunteerism 或 volunteer service）及相关概念进行界定是回顾研究的前提。

1. 志愿服务

西方国家的志愿服务起步较早，有学者认为，19 世纪欧洲国家宗教性的慈善服务是志愿服务的雏形。美国学者缪其克等对现代志愿服务做出了如下定义："志愿服务指的是社会中的个人不以物质利益为追求，自愿贡献出时间、财富和能力，为他人及社会提供的公益服务。"[①]

联合国前秘书长科菲·安南指出："志愿服务泛指利用自己的时间、自己的技能、自己的资源、自己的善心，为邻居、社区、社会提供非营利、非职业化援助的行为。"[②] 国内有学者将志愿者行动界定为"以自愿或招募方式组织起来的，具有一定专业技能，热心于社会公益和社会服务事业的青年群体，为建立优良社会风气所开展的一系列志愿献爱心行动"。[③] 也有学者从志愿服务的组织性层面界定了志愿服务的内涵，认为其是"一种非政府系统的组织行为和服务行动，即志愿组织或个人利用自己的知识、技能、体能和财富，通过各

---

① 〔美〕马克·A. 缪其克、〔美〕约翰·威尔逊：《志愿者》，魏娜等译，中国人民大学出版社，2013。
② 北京志愿者协会编著《走近志愿服务》，中国国际广播出版社，2006。
③ 许云杰：《青年志愿者行动的伦理道德思考》，《道德与文明》1996 年第 2 期，第 4~5 页。

种服务性的行动去实现和体现对社会事业的服务与奉献或实施和完成对有困难的社会群体及个人的援助"。①

随着我国志愿服务发展日趋成熟，学界和社会也对志愿服务形成了较为一致的认识，丁元竹、江汛清在研究专著中指出，志愿服务就是"任何人志愿贡献个人时间和精力，在不为物质报酬的前提下，为推动人类发展社会进步和社会福利事业而提供的服务"。② 这一定义与缪其克的定义较为接近，在国内被广泛接受和使用。③ 我国 2017年 12 月 1 日起正式施行的《志愿服务条例》规定，志愿服务是志愿者、志愿服务组织和其他组织自愿、无偿向社会或他人提供的公益服务。

参考国内外学者对志愿服务的界定，可以将志愿服务的基本要素总结为：服务者的自由意识（非强制和义务）、不求报酬（非营利性）、为社会或他人提供服务（贡献）。④

2. 志愿者

志愿服务的重要参与主体是志愿者。"志愿者"译自英文中的volunteer，在《牛津英语词典》中，volunteer 作为名词使用主要有两种含义：一是无偿参与某项事业或承担某项任务的人；二是无偿为某个组织工作的人。各国学者对志愿者的定义各有侧重，但基本包括了以下要点：志愿者的行动是个人行动，其行为是完全自愿的，其活动

---

① 马飞翔：《论市场经济下中国志愿服务的发展》，《山东省青年管理干部学院学报》2002 年第 3 期，第 93 ~ 94 页。

② 丁元竹、江汛清：《志愿活动研究：类型、评价与管理》，天津人民出版社，2001。

③ 共青团中央印发《中国注册志愿者管理办法》，中国青年志愿者网，http://zgzyz. cyol. com/content/2013 - 11/29/content_9373688. htm，最后访问日期：2021 年 8 月 5 日。

④ 王洪松：《当代中国的志愿服务与公民社会建设》，中国政法大学出版社，2015。

具有社会价值，其活动往往是有组织的，其活动是利他的而非利己的。[1] 我国《志愿服务条例》规定，志愿者是指以自己的时间、知识、技能、体力等从事志愿服务的自然人。

3. 志愿组织

志愿服务可以是出于个人认知自发形成的行为，也可以是有组织的志愿服务。志愿组织（voluntary organization）作为非政府、非营利组织的重要组成部分发挥着特有的社会功能和效用。联合国将志愿服务组织定义为：公民所成立的地方性、全国性或国际性的非营利、志愿性组织。[2]《志愿服务条例》规定，志愿组织是指"依法成立，以开展志愿服务为宗旨的非营利性组织"。在国外，志愿组织被归为"第三部门"（the Third Sector）或"非营利组织"（Nonprofit Organization，NPO），一般来说，第三部门特指"通过志愿提供公益"的非政府组织（Non-governmental Organizations，NGO）或非营利组织。王名在《非营利组织管理概论》一书中，将非营利组织定义为：不以营利为目的、主要开展各种志愿性的公益或互益活动的非政府的社会组织。[3]

4. 志愿精神

国内学者同样关注"志愿精神"这一概念，认为其是志愿服务中所体现出的精神特征，是志愿者所信守的价值、态度和思想意识的综合。丁元竹、江汛清将志愿精神界定为"一种自愿的、不为报酬和收入而参与推动人类发展、促进社会进步和完善社区工作的精神"。[4] 联

---

[1] Honrubia, L. M., Fernandez-Nino, A. I., Volunteering Versus Olympism（paper presented at the Volunteers, Global Society and the Olympic Movement Conference, Lausanne, 1999）.

[2] 北京志愿服务发展研究会：《中国志愿服务大辞典》，中国大百科全书出版社，2014。

[3] 王名编著《非营利组织管理概论》，中国人民大学出版社，2002。

[4] 丁元竹、江汛清：《志愿活动研究：类型、评价与管理》，天津人民出版社，2001。

合国时任秘书长安南在"2001 国际志愿者年"启动仪式的发言中强调，志愿精神的核心是"服务、团结的理想和共同使这个世界变得更加美好的信念"。①

（二）研究概况：学科、主题与热点

志愿服务能够为社会发展带来诸多的正面效益，因而在世界各国受到广泛重视。联合国发布《2015 年世界志愿服务状况报告：转变治理方式》，从亚洲、非洲、拉丁美洲等地区的志愿服务实例出发，探讨了开展志愿服务优化治理当地基层社会、国家治理乃至全球治理的原理、方法和框架，并提出了面向未来提升志愿服务能力的发展议程。学术界围绕志愿服务展开的理论与实践研究则同样可为推进志愿服务发展提供支持。

国外的志愿服务研究多为基于心理学、社会学、经济学或管理学理论与方法的定量研究，涉及了公共环境、卫生健康、公共管理学、心理学、教育学、社会工作等多门学科。基于心理学理论的研究主要关注志愿服务的内在因素，包括志愿者的个性特质、自我认知和行为动机；社会心理学理论通过个体的种族、性别及所属社会阶层等社会人口统计学特征来分析志愿行为；社会生态层面的诸如社会网络、群体特征等变量同样是参与志愿服务的影响因素；经济学理论则从无偿劳动、期望奖励动机等角度展开相关研究。② 由于研究领域广泛，并且在研究内容方面呈现出跨学科、跨领域、跨文化的繁荣状态，无论是个体层面的微观研究、组织层面的中观研究还是国家层面的宏观研究都不乏优秀成果。

---

① 共青团北京市委员会、北京青年研究会：《志愿者形象及其社会影响》，人民出版社，2009。

② Wilson, J., "Volunteerism Research: A Review Essay", *Nonprofit and Voluntary Sector Quarterly*, 2012, 41 (2).

国内的志愿服务研究则起步较晚，随着志愿服务的活跃发展而兴起，2008 年北京奥运会的成功举办凸显了志愿服务和志愿者的重大作用及意义，相关研究的数量和质量迅速攀升。国内学术界对志愿服务的研究主要集中于公共管理、教育学、社会学、政治学、图书情报档案以及公共卫生与预防医学等多门学科。研究主题主要涉及志愿精神研究、国内外志愿服务比较研究，以及志愿服务的内涵界定、运行机制、发展模式、立法探索等方面。与国外多数研究成果大量使用定量研究方法不同，国内的志愿服务研究更多采用质化的、定性的方法，近十年才在志愿服务的人力资源、激励管理方面出现一些规范的实证研究，但相关成果在数量上也远少于国外的同类研究。[①] 我国社会制度、社会实践和文化因素方面的特点也使中国的志愿服务研究呈现了一定的"中国特色"：结合中国特色社会主义精神文明建设对志愿服务精神展开理论研究；重视青少年的志愿服务研究，衍生了大量有关大学生志愿服务的研究；志愿服务的法治化和规范化建设需求引发了相关支撑性研究；社区志愿服务的发展及其对社会治理的作用也成为一项重要的研究议题。

二　国外志愿服务发展及研究综述

（一）国外志愿服务的起源与发展实践

19 世纪，在各主要资本主义国家先后出现了一些带有宗教色彩或政治色彩的社会团体及主要开展慈善救济等公益活动的非营利组织。1869 年，英国为协调政府与民间各种慈善组织的活动而在伦敦成立了"慈善组织会社"；1877 年，北美的第一个慈善组织在布法罗成立，旨在指导移

---

① 魏娜、王焕：《国内外志愿服务研究主题演进与热点比较研究——基于 2008—2018 年的数据分析》，《中国行政管理》2019 年第 11 期，第 124 页。

民们相互帮助，共同克服困难。两次世界大战期间，欧洲诞生了一批建立在慈善组织基础上，旨在帮助战后重建、增进各国人民沟通的志愿者。战后西方国家的志愿服务进一步规范化，并扩大成为一种由政府和私人团体共同支持的广泛性社会服务工作。除了宗教因素外，西方政治文化也强调志愿服务的重要性。法国历史学家、政治学家托克维尔在《论美国的民主》一书中指出，志愿服务对国家的健康发展起到重要作用，能够促进互帮互助。美国政治学者朱莉·费希尔所著的《NGO与第三世界的政治发展》也阐述了非政府组织对促进环境可持续发展的作用和意义，指出非政府组织有利于缓解个人与国家之间的矛盾。

美国素有"社团组织的国度"（association land）之称，国内志愿者组织数量也堪称世界第一。美国志愿服务实施的主体大多是社团，在教育、环境和可持续发展、老年人、女权、残疾人群、儿童保护、社会发展和经济公平等领域发挥重要作用。美国实施的全民志愿服务计划——美国公民服务计划，覆盖了包括学生、职业人员和退休人员在内的几乎所有成年美国公民；美国同样鼓励中小学生参与社区志愿服务，高中学校甚至规定学生必须在社区志愿服务60个小时以上才能达到毕业要求。除了丰富、活跃的非营利组织之外，政府也在志愿服务组织与管理中发挥了重要的主导作用。联邦政府领导的美国国家和社区服务机构（The Corporation for National and Community Service）组织开展一些全国性的社会公益项目，如美国志愿队计划（AmeriCorps）、学习和服务美国计划（Learn and Serve America）、老年服务计划（Senior Corps）等，并将这些服务项目运营实现全美覆盖，有超过500万志愿者服务于全国服务网络的7万多家公益组织。美国的志愿服务同样建立了较为完善的法律支持体系，1973年制定了第一部《志愿服务法》并不断修订完善，1989年颁布了《国内志愿服务修正法》，1990年颁布了《国家和社区服务法案》，1992年颁布了《全国与社区服务技艺增订法》，1993年颁布了《全美服务信任法案》，1997 年颁布了《联邦志愿者保护法》以及 2009 年颁布了《爱德华·肯尼迪服务美国法》。

欧洲第一批现代意义上的志愿者组织诞生于一战后，为弥补战争造成的重大破坏和消除交战国人民的相互敌视，一方面组织青年参与城市的重建，另一方面努力加强各国人民之间的理解和沟通，在此基础上产生了"国际民众服务组织"等一批国际性志愿者组织。随着人们保护环境意识的加强和社会对保护环境的重视，欧洲志愿服务组织开始投入生态、环保的公益活动中，例如德国联邦议会在 1993 年颁布了《促进志愿生态年法》，以法律的形式将志愿生态年确定下来。20 世纪 60 年代至今，随着欧洲主要发达国家的社会福利及保障体系逐步健全，这些国家的社会公益性志愿服务活动基本上由政府有关部门和社会慈善组织承担，欧洲志愿者组织的国内服务职能逐渐萎缩；而随着东西方关系、南北合作等问题日渐成为国际社会的重要问题，欧洲志愿者组织更多地走出国门，呈现了国际化开放发展态势。

日本的民间志愿者组织发起原因在于国内地震多发，一些民间力量积极灵活参与，提高了震后救援的时效性。当前，日本志愿者活动以非营利性社会团体为主要实施主体。1993 年，日本厚生劳动省的附属机关中央社会福祉审议会发布了志愿者活动中长期振兴方略，其中特别强调志愿活动要与公司部门进行协作，志愿服务要针对政府公共服务所难以顾及的、具有独特性的和个别性的需求，构建公司部门之间新的伙伴关系。1998 年日本政府推出了《特定非营利活动促进活动法》，给原来已经初具规模的志愿服务团体等非营利组织提供了组织和法律保障，NPO 中心的设立逐渐成为潮流，志愿者中心组织也更加完备，相关项目、培训及管理发展科学化、规范化。①

---

① 李浩东、刘川菡：《日本志愿服务的现状、问题及展望》，《中国志愿服务研究》2020 年第 2 期，第 147 页。

其他地区和国家也高度重视和鼓励志愿服务发展，提升公众对志愿服务的参与度。例如我国香港倡导义工融入生活，推动义工融入家庭、学校、企业和社区，发展多元化的义工服务，并推动义工参与国际义工服务；法国的志愿者约占国家总人口的19%；在德国，大约每3个成年人中就有1人每月花费15小时从事志愿服务工作；加拿大每年有1/3的公民参加志愿服务；新加坡法律规定每年7月为"志愿服务月"，4月为"关怀分享月"；韩国自1996年起，规定青少年志愿服务时间为每年40小时以上，大约每3个成年人中就有1人每月花费15小时从事志愿服务工作；墨西哥政府规定，每个大学生在校期间至少从事6个月的社会服务活动是毕业的必要条件。各国经验同样反映出大学生群体的志愿服务参与率非常高，且青年志愿服务内容多样化，主要涉及国内的一些大型赛事、灾后救援、生态保护及教育志愿服务等，并且经常参与国际范围的援助、交流与合作。

（二）国外志愿服务理论研究述评

在国际学术研究领域，一系列关于志愿服务的专门的学术性期刊成为刊载志愿服务研究成果的重要阵地，其中具有代表性的高影响因子期刊有《非营利与志愿部门季刊》（*Nonprofit and Voluntary Sector Quarterly*）、《志愿者》（*Voluntas*）、《非营利组织管理和领导力》（*Nonprofit Management and Leadership*），这些专业化期刊的活跃也反映出国外志愿服务研究已经发展成为成熟学科。《非营利与志愿部门季刊》是由非营利组织与志愿行动研究学会（Association for Research on Nonprofit Organizations and Voluntary Action）发行的季刊，收录与非营利组织或第三部门相关的研究论文。《志愿者》是一本跨学科的国际期刊，收录了经济学、法律、政治学、心理学、社会学及公共政策等视角下的第三部门研究成果，旨在为解决公民社会的现实问题提供理论依据。《非营利组织管理和领导力》刊载关于非营利组织管理和领导的高质量学术论文，汇集有关非营利组织特殊需求、挑战和机遇的相关知识，内容包括社会服务、艺术、教育、基金会、社区发展、宗教和会员协会等领域优秀学者的学术见解。这些高水平期刊汇集了全球范围内关于志愿服务、非营利组织及第三部门的理论研究成果，呈现了丰富的理论视角和实践经验。一些综述性研究表明，志愿服务研究的主题主要可以划分为参与动机或影响因素研究、组织管理研究和影响效益研究。

1. 参与动机或影响因素研究

志愿服务主题研究的核心议题在于对主客观层面的参与动机和社会情境、人口统计学特征等影响因素的研究。Cuskelly 等将志愿者的动机细化为以下因素：增强社会联系、帮助他人、打发时间、获得认可、满足他人的需要、个人充实感、个人成就感、协助组织达成目标、发展技能及提升个人形象等。[①] Parker 通过研究指出志愿者动机主要来自四个方面：帮助他人、期望获得某种回报、迎合及传播自己的宗教信仰以及获得休闲体验。[②] Clary 等人认为，人们参与志愿活动是为了满足和实现个人与社会的需求及目标，多数人的目标并非单一的，其追寻的是综合多因素的一系列目标；他们总结出了以下 6 个主要的动机变量：社会、职业、价值、理解、宣传和保护。[③] 在影响因素维度，Raskoff 等认为青年群体从事志愿服务受到受教育程度、父母、性别、

---

① Cuskelly, G., Harrington, M., "Volunteers and Leisure: Evidence of Marginal and Career Volunteerism in Sport", *World Leisure and Recreation*, 1997, 39 (3).

② Parker, S., "Volunteering-altruism, Markets, Causes and Leisure", *World Leisure and Recreation*, 1997, 39 (3).

③ Clary, E. G., Snyder, M., Stukas, A., "Service-learning and Psychology: Lessons from the Psychology of Volunteers' Motivations", in *With Service in Mind: Concepts and Models for Service-learning in Psychology* (Washington, DC: American Association of Higher Education, 1998).

种族及利他主义影响。① Penner 的研究则表明，个人背景、价值观念、社会压力及情感动机也是志愿参与的影响因素。② Ackermann 认为人格特征与志愿服务参与之间存在重要关系，使用五大人格特征模型分析了正式、非正式及线上志愿服务形式的心理基础，得出了外向性是志愿服务的稳定驱动力，其余特征的作用大小则因志愿服务形式而异，情境因素发挥调节作用的结论。③ 此外，一些研究表明，社会情境对志愿服务也具有一定的影响，体现在网络、学校、邻里、国家地区等。社区邻里关系、是否为房主、对邻里的态度、社区多样性（宗教信仰、种族、经济水平）等也对志愿服务产生影响。一个地区非营利组织和志愿组织的比例越高，则公民参与志愿服务的水平越高。④ 关于线上社区这样一个新的情境因素对志愿服务的影响，Lee 的研究发现，青少年适度使用脸书和志愿服务的参与意愿存在正相关的关系，线上社交平台可以成为宣传志愿信息和招募临时志愿者的有用工具。⑤

2. 志愿服务的组织管理研究

学术界一般从志愿者的招募、培训、绩效管理、团队建设、组织文化等方面来探讨志愿组织（非营利组织）的组织管理模式。派恩斯围绕公共和非营利组织中的志愿者管理展开了较为深入的研究，对志

---

① Raskoff, S., Sundeen, R. A., "Youth Socialization and Civic Participation: The Role of Secondary Schools in Promoting Community Service in Southern California", *Nonprofit and Voluntary Sector Quarterly*, 1998, 27 (1).

② Penner, L. A., "Volunteerism and Social Problems: Making Things Better or Worse?", *Journal of Social Issues*, 2004, 60 (3).

③ Ackermann, K., "Predisposed to Volunteer? Personality Traits and Different Forms of Volunteering", *Nonprofit and Voluntary Sector Quarterly*, 2019, 48 (6).

④ Freitag, M., Stadelmann-Steffen, I., "Stumbling Block or Stepping Stone? The Influence of Direct Democracy on Individual Participation in Parliamentary Elections", *Electoral Studies*, 2010, 29 (3).

⑤ Lee, Y., "Facebooking Alone? Millennials' Use of Social Network Sites and Volunteering", *Nonprofit and Voluntary Sector Quarterly*, 2020, 49 (1).

愿人员的招聘、选拔、培训、评估和管理做了细致的分析。[①] Fisher 等、Nancy 等分别对志愿者的领导和管理、志愿者招募、培训、监督、激励、营销、公共关系等内容进行了分析。[②] Cnaan 等分析了志愿者和付费员工之间的关系，并指出由于沟通、行为、态度、期望、信任等问题，两个群体间的冲突很可能会出现。[③] Tooley 等人的研究提出志愿组织需要一个记录和报告志愿者贡献的最佳实践模式——在财务报表中附上志愿者的具体贡献，以更完整地展现组织绩效，有利于提升组织的责任感和合法性。[④] Koen 等人研究了政府干预对志愿组织管理的影响，发现当政府干预减少时，志愿活动可能会减少，此时需要使用一种合作的方式来增加志愿服务。[⑤] Lu 和 Zhao 运用美国国际开发署注册的非营利组织纵向数据集对政府和非营利组织之间的资助关系进行了研究，认为非营利组织可以在维持管理效率与依赖政府资金之间保持平衡。[⑥] Misener 等人从组织社会责任对志愿者参与行

[①] 〔美〕派恩斯：《公共和非营利性组织的人力资源管理》，王孙禺、达飞译，清华大学出版社，2002。

[②] Fisher, James C., Cole, Kathleen M., *Leadership and Management of Volunteer Programs：A Guiden for Volunteer Adminstrators*（Jossey-Bass, 1993）; Nancy, Eisenberg, Morris, A. Okun, "The Relations of Dispositional Regulation and Emotionality to Elders' Empathy-Related Responding and Affect While Volunteering", *Journal of Personality*, 1996, 64（1）.

[③] Cnaan, R. A., Heist, H. D., Storti, M. H., "Episodic Volunteering at a Religious Megaevent", *Nonprofit Management and Leadership*, 2017, 28（1）.

[④] Tooley, S., Hooks, J., "Accounting for Volunteers：Enhancing Organizational Accountability and Legitimacy", *Nonprofit and Voluntary Sector Quarterly*, 2020, 49（1）.

[⑤] Koen, P. R. Bartels, Guido Cozzi, Noemi Mantovan, "'The Big Society', Public Expenditure, and Volunteering", *Public Administration Review*, 2013, 73（2）.

[⑥] Lu, J., Zhao, J., "Does Government Funding Make Nonprofits Administratively Inefficient? Revisiting the Link", *Nonprofit and Voluntary Sector Quarterly*, 2019, 48（6）：1143 – 1161.

为的影响维度展开研究，发现成员对组织社会责任感的认知以及成员社会意识水平均会对志愿组织的口碑产生影响，且积极评价可以在一定程度上调节社会意识与参与行为之间的正向关系。[①]

3. 志愿服务的正向效益研究

志愿服务在社会治理层面同样具有重要价值，研究表明，志愿服务在微观和宏观层面上对个体、组织、社会乃至国家的发展都起到了正向作用。在微观层面，志愿服务的正向效益多为心理收益。大部分学者认同志愿服务对参与者的心理健康有益，这个作用机制可以是直接的，也可以是间接的。例如，Antoni 认为志愿服务能够增强志愿者的自尊；[②] Mojza 等通过调查发现人们在闲暇时间进行志愿服务能够在减轻本职工作压力的同时改善社会网络关系；[③] Cohen-Mansfield 等的研究表明志愿服务能使人们获得新技能等；[④] Haski-Leventhal 等的研究指出，大学生志愿服务对学生本身、大学和非营利组织都存在积极的效益。[⑤] 在宏观层面，一些学者运用布尔迪厄、帕特南等人的社会资本理论研究诠释志愿服务组织、个人和社会发展的动因和结果。帕特南等人的研究发现，志愿活动在构建社会资本的过程中发挥了关

---

① Misener, K. et al., "The Influence of Organizational Social Responsibility on Involvement Behavior in Community Sport Membership Associations", *Nonprofit Management and Leadership*, 2020, 30 (4).

② Antoni, G. D., "Voluntary Associations and Trustworthiness: An Empirical Examination at Italian Regional Level", *Paid and Unpaid Labour in the Social Economy*, 2009.

③ Mojza, E. J. et al., "Daily Recovery Experiences: The Role of Volunteer Work During Leisure Time", *Journal of Occupational Health Psychology*, 2010, 15 (1).

④ Cohen-Mansfield, J. et al., "Wisdom of Generations: A Pilot Study of the Values Transmitted in Ethical Wills of Nursing Home Residents and Student Volunteers", *The Gerontologist*, 2009, 49 (4).

⑤ Haski-Leventhal, D. et al., "The Multidimensional Benefits of University Student Volunteering: Psychological Contract, Expectations, and Outcomes", *Nonprofit and Voluntary Sector Quarterly*, 2020, 49 (1).

键的作用。Lyons 则指出一个国家志愿服务的发展程度能够体现出该国的社会资本实力。[1] 在社会效益方面，Graefe 指出北欧一些国家尝试以非营利组织的形式来提供长效的社会服务，因为其具有服务成本低，但创新性、反馈性较高的优点，对于提高社会生产率颇有裨益。[2] Femida 等认为，长期的服务能够使志愿者认同组织的使命和原则，并对整个组织表示忠诚。[3] Frumkin 等人的研究表明，参与美国的活动对成员在公民参与、成员与社会的联系、对社区面临的问题的认识以及参与社区活动等方面有积极影响。[4] Nesbit 等人的研究肯定了志愿服务在解决紧迫的社会问题和帮助弱势群体方面的作用。[5]

三 国内志愿服务发展及研究综述

（一）我国志愿服务发展概况

广义上的志愿服务在中国自古有之，但规模化、组织化的志愿服务则起步于改革开放以后，现代意义上的志愿服务活动在我国落地生根，并受到了国家和社会的高度重视。

---

[1] Lyons, M., *Comparative Studies of Volunteering*：*What is Being Studied*？ *Constructing a Tool-kit to Measure Volunteering at the National Level* （ Washington： Independent Sector, 1998 ）.

[2] Graefe, P., "Personal Social in the Post-industrial Economy：Adding Nonprofits to the Welfare Mix", *Social Policy and Administration*, 2004 （5）.

[3] Femida, Handy et al., "A Cross-Cultural Examination of Student Volunteering：Is It All About Résumé Building?", *Nonprofit and Voluntary Sector Quarterly*, 2010, 39 （3）.

[4] Frumkin, P. et al., "Inside National Service：AmeriCorps' Impact on Participants", *Journal of Policy Analysis and Management*, 2009, 28 （3）.

[5] Nesbit, R., Brudney, J. L., "Projections and Policies for Volunteer Programs： The Implications of the Serve America Act for Volunteer Diversity and Management", *Nonprofit Management and Leadership*, 2013, 24 （1）.

　　从发展历程来看，1989 年深圳市借鉴国外和我国港澳台地区的经验发起志愿服务活动，并于 1990 年成立了中国内地第一个志愿服务团体——深圳市义务工作者联合会，其主旨在于开展对外来工人、孤寡老人、儿童、病人的帮助和服务以及环保等社会公益性宣传活动，这是我国规模化、组织化、实质性志愿服务的里程碑。① 1993 年我国铁路青年职工打出"青年志愿者"的旗号进行志愿服务活动，随后我国大学生在寒暑假期间开展"一助一"长期帮扶计划和春运志愿者服务等活动。随着社会需求的增加和志愿服务社会价值的充分彰显，党团组织和政府部门对志愿服务发展予以高度重视和支持。在北京，随着广大青少年有组织地广泛参与到各类城市建设和大型活动的志愿服务之中，北京市志愿者协会在共青团北京市委员会指导下于 1993 年 12 月成立，作为全国最早成立的省级志愿者协会，其宗旨在于倡导良好社会风气、健全社会保障体系、推动社会全面进步、促进青年健康成长。1994 年中国青年志愿者协会正式成立，其目的在于推动社会主义精神文明建设，促进社会主义市场经济体制完善，提高青年的整体素质，为经济社会的协调发展和全面进步贡献力量，随后各省级志愿者协会纷纷成立。1996 年，共青团开始实施青年志愿者扶贫接力计划；1996 年，党的十四届六中全会把青年志愿者行动写进了决议；1998 年 8 月，团中央青年志愿者行动指导中心成立，负责规划、协调、指导全团的青年志愿服务工作；1999 年，中国青年志愿者扶贫接力计划研究生支教团项目开始实施；2001 年，团中央在全国范围内开始实施注册志愿者制度，规范我国志愿服务群体的发展；2003 年，团中央、教育部等多部委联合开展"西部计划"项目，每年招募一定数量的应届毕业生到我国中西部

---

　　① 张宝生、李鑫：《基于科学知识图谱的志愿服务研究前沿和主题可视化分析》，《创新与创业教育》2020 年第 11 期，第 124 页。

基层开展为期一到三年的包括教育、农技、卫生、扶贫等在内的志愿服务活动；2006 年，我国"迎奥运"志愿服务项目开始招募志愿者，全国各地各年龄段的社会成员积极踊跃地报名参加志愿服务。在 2008 年的北京奥运会和汶川地震救灾工作中，志愿者发挥了卓越的作用，得到了党和国家的高度认可，受到了社会各界的广泛赞扬，我国志愿服务事业迈入新阶段，逐渐向常态化、制度化和专业化的方向发展。

2017 年 6 月 7 日，国务院通过了《志愿服务条例（草案）》，标志着中国的志愿服务正式上升为国家战略。党的十九大报告明确提出要大力发展志愿服务，推动学雷锋活动常态化和志愿服务制度化发展，不断增强我国公民的责任意识、奉献意识和规则意识。长期以来，志愿服务作为一项崇高的社会事业在保护弱势群体、改善社会环境、维护社会安定、促进社会发展等方面发挥着重要作用。随着社会发展产生新的需求，除了常规的社会服务志愿者、大型赛会志愿者以及参与突发事故应急处理的志愿者之外，法律援助志愿服务、文化志愿服务、科技志愿服务等细分志愿服务也应运而生。

我国的志愿服务组织实践涵盖了扶贫助困、城市和农村建设、国际青年交流、大型赛会服务、应急救援和环境保护等领域，其中助力扶贫攻坚项目、关爱农民工子女志愿服务行动、大学生志愿服务西部计划、阳光行动助残志愿服务、研究生支教团、海外服务计划等一大批优秀项目在全社会产生广泛影响。中国志愿服务网的全国志愿服务统计数据显示，截至 2021 年 4 月，我国实名志愿者总数超过 1.9 亿人，志愿服务队伍总数 79 万个，志愿服务项目总数达 502 万个，服务总时长 277.38 亿小时，其中青年志愿服务组织占比超过 60%。①

---

① 参见中国志愿服务网，https://chinavolunteer.mca.gov.cn/NVSI/LEAP/site/index.html#/home，最后访问日期：2021 年 8 月 5 日。

不断壮大的志愿者队伍表明，志愿精神在全社会受到了更广泛的认同，我国的志愿服务发展有广阔前景。

（二）我国志愿服务研究述评

1. 研究概况

鉴于我国高度重视志愿服务的实践发展，相关理论研究在学术界也得到了支持和发展，志愿服务早已成为相关学者和专家的重点关注对象。实践研究方面，中国青少年研究中心、团中央青年志愿者行动指导中心课题组撰写的《中国青年志愿者行动研究报告》（2001），卢雍政主编的《中国青年志愿者扶贫接力计划》（1999），谭建光等撰写的《中国社会转型时期的志愿服务——深圳市志愿者及其服务的研究报告》（1999）以及中国社科院社会学所社会政策研究中心课题组撰写的《浦东新区社区志愿服务调查报告》（2003）等对全国层面和地方的志愿服务情况及优秀案例和经验进行了梳理和总结。理论研究方面，一系列以志愿服务为研究主题的理论专著先后出版，为我国志愿服务发展初步奠定了理论基础，其中反响较大的专著有丁元竹和江汛清的《志愿活动研究：类型、评价与管理》（2001），田军主编的《志愿服务理论与实践》（2007），上海市慈善基金会、上海慈善事业发展研究中心编写的《志愿服务与义工建设》（2007），穆青主编的《志愿服务理论与实践研究》（2010），袁媛和谭建光主编的《中国志愿服务：从社区到社会》（2011），魏娜主编的《志愿服务概论》（2018），王忠平和沈立伟主编的《志愿服务组织建设与项目管理》（2018），等等。这些专著系统地论述了志愿服务特别是我国志愿服务的实践经验和理论依据，对志愿服务的运行机制和发展模式提出了深入的思考和建议。

期刊论文特别是核心期刊论文在一定程度上能够代表更具有学术性和前沿性的研究成果。在中国知网（CNKI）文献数据库中，以

"志愿服务"为主题词进行检索，可以搜索到截至 2020 年的期刊文章超过 1.8 万篇。布拉德福定律指出，在某一领域的研究中，核心期刊集中发表了该领域的核心文献，因此将对中文期刊论文的分析范围缩小到"中文社会科学引文索引"（CSSCI）的核心期刊所发表的学术论文，搜索到截至 2020 年的共计 1484 篇核心期刊志愿服务研究论文。分析可知，这些核心期刊论文所属细分学科主要为行政学及国家行政管理、高等教育、图书情报与数字图书馆、社会学及统计学、体育、政党及群众组织、思想政治教育行政法及地方法制、教育理论与教育管理等；前十位的活跃发文机构分别为中国人民大学、北京师范大学、中国青年政治学院、北京大学、中山大学、华中师范大学、清华大学、厦门大学、武汉大学、山东大学等，显示了重点高校学者对该主题的关注和积极贡献；主要的发文期刊有：《体育科学》、《北京体育大学学报》、《图书情报工作》、《图书与情报》、《社会学研究》、《清华大学学报》（哲学社会科学版）、《南京社会科学》、《中国青年研究》、《中国青年政治学院学报》等。在研究主题层面，核心期刊的志愿服务研究文章的主要主题集中于"志愿服务""大学生志愿服务""志愿精神""图书馆""党员志愿者""社会主义核心价值观""志愿者服务""志愿服务活动""青年志愿服务""思想政治教育""大学生志愿者""和谐社会""社区志愿服务""社会力量参与""长效机制""志愿服务组织"等（见图 1-1）；研究涉及较多的次要主题为"志愿服务""志愿服务活动""志愿组织""志愿精神""志愿服务工作""志愿服务组织""大学生志愿者""志愿服务事业""志愿者队伍""志愿服务项目""社区居民""社会主义核心价值观""共青团""社区服务""志愿文化""常态化""青年志愿者行动""激励机制"等（见图 1-2）。

综上可见，我国的志愿服务研究在总结中国国情与实践的基础上，一方面与国际研究接轨，另一方面彰显出一定的"中国特色"。

图1-1　截至2020年CSSCI核心期刊志愿服务研究主要主题分布

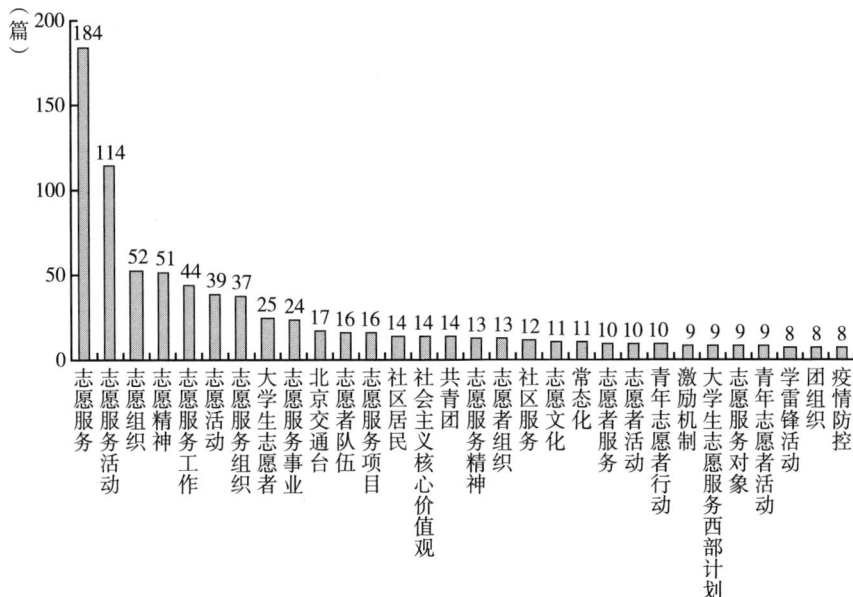

图1-2　截至2020年CSSCI核心期刊志愿服务研究次要主题分布

除了对中国志愿服务及组织的内涵本质、发展路径展开了深入研究之外，当前的志愿服务研究也越来越重视对志愿服务的参与动机、激励机制方面的研究以及志愿服务的常态化、制度化及长效性建设研究。

2. 理论、组织与精神研究

由于国内志愿服务的研究尚处于起步发展阶段，基础性理论研究作为对志愿服务社会实践现实关切的学术性回应，应明确中国情境下志愿服务的概念定义、内涵本质、属性定位、类别体系、作用意义等内容，从而为志愿服务研究向更深层次的发展奠定坚实的基础。志愿服务的定义因时、因地、因宗教、因历史而不同，在我国，志愿服务与社会主义精神文明建设紧密相关。魏娜等人从抽象的哲学本质出发，指出志愿服务的本质是对异化劳动的扬弃，通过建立平等开放的网络系统，实现全面自足的社会服务供给。[①] 王婕等人指出，志愿服务的定位在于以培育公民公共价值、积累社会资本、协调社会资源与公共服务供给为切入点参与社会治理。[②] 志愿服务的实现形式既可以是个人行为，也可以是有组织的行为。从组织形式角度来看，志愿服务可以划分为两种，一是无组织的，以个人认知形式回应社会需求；二是有组织的志愿服务，公民加入非营利组织就是通过组织提供志愿服务的一种重要表现形式。徐柳将我国志愿服务的发展模式归纳为以下三种：自上而下发起、推广模式；自下而上发起、自上而下推广模式；自下而上发起、自下而上发展模式。[③] 关于志愿服务的意义，赵

---

① 魏娜、刘子洋：《论志愿服务的本质》，《中国人民大学学报》2017 年第 6 期，第 79 页。

② 王婕、蒲清平、刘晓云：《新时代志愿服务参与社会治理的逻辑方略》，《重庆大学学报》（社会科学版）2018 年第 5 期，第 192 页。

③ 徐柳：《我国志愿者组织发展的现状、问题与对策》，《学术研究》2008 年第 5 期，第 67 页。

定东等认为其是一种高尚的社会行为和一项重要的社会公益事业，也是文化软实力的重要构成，"体现着国家、社会的文明高度"。① 张宝生等指出，参与志愿服务对于个体而言有习得新的操作技能、培养新的兴趣爱好、获得不同的人生体验、广泛结交新的朋友、拓展职业规划选择等方面的积极作用。② 张网成通过实证分析将我国志愿服务的发展成就总结为：志愿服务队伍扩大、组织体系多元化、法制化进程加快、社会影响扩大等。③

受国外志愿服务动机研究影响，我国学者也对国内志愿服务群体特别是青年志愿者、大学生志愿者展开了"参与动机""公众参与""影响因素"等研究。借鉴国外志愿者服务研究的多因素模型理论，并结合中国志愿服务的实践现实，以实证方法对志愿服务参与动机进行分析和研究是相关研究的主要路径。唐杰将动机分为理想型、回报型、学习型、交往型、盲目型五种，并认为志愿者的动机是不断变化的。④ 吕晓俊从集体主义和个人主义视角考察了非营利组织志愿者的动机，将其分为利他和利己倾向，并指出集体主义价值倾向越强，各类动机水平越高。⑤ 龚万达等的分析指出，志愿服务参与动机可分为主动参与和被动参与两种。⑥ 仇立平、刘珊等在研究中将志愿服务动

① 赵定东、王倩、赵涓淇：《中国志愿服务研究综述——基于中国知网的统计分析》，《观察与思考》2018 年第 2 期，第 105 页。

② 张宝生、李鑫：《基于科学知识图谱的志愿服务研究前沿和主题可视化分析》，《创新与创业教育》2020 年第 4 期，第 124 页。

③ 张网成：《我国志愿者管理现状与问题的实证分析》，《中国社会科学院研究生院学报》2011 年第 6 期，第 26 页。

④ 唐杰：《北京公众参与志愿服务动机研究》，《北京社会科学》2008 年第 3 期，第 57 页。

⑤ 吕晓俊：《非营利组织志愿者动机的考察——基于文化价值取向的视角》，《上海交通大学学报》（哲学社会科学版）2012 年第 1 期，第 58 页。

⑥ 龚万达、王俊杰、邱淑女：《体育赛会大学生志愿者内部动机的因子分析》，《杭州师范学院学报》（自然科学版）2007 年第 4 期，第 300 页。

机分为了利己参与动机和利他参与动机。[①] 陶倩在传统的主观利己动机、利他兼顾动机、纯粹利他动机的志愿服务动机划分基础上，指出了利他参与动机符合人和社会发展的要求，并契合志愿服务精神中"进步"的要求。[②] 么相姝等将大学生志愿服务参与动机分为价值表达、学习理解、社会交往、职业生涯、自我保护与增强五类。[③]

我国的《中长期青年发展规划（2016—2025 年）》将青年志愿服务建设列为重点项目之一，突出强调大学生志愿服务从追求"道德体验"向实现最大化"社会效益"的转变，全面提升大学生志愿者的公共服务功能、社会组织作用、文化内涵发展。以青年志愿者特别是大学生志愿者为研究对象的志愿服务研究成果也颇为丰富。王秀华等认为，大学生志愿服务群体活跃在各个领域的志愿服务活动中，创造了良好的社会效益，而志愿服务本身对高校的思想政治教育来说也是有效的育人载体，有利于促进人才的培养与发展。[④] 福建师范大学大学生志愿服务研究课题组的综述性研究指出，大学生志愿服务发展可以分为强化志愿服务意识及能力阶段和提升社会价值阶段；其中强化志愿服务意识及能力阶段与我国西部大开发战略密切相关，相关研究普遍围绕大学生志愿服务的发展方向性和全局性问题即扶贫攻坚事业的实现路径等方面拓展；随着大学生志愿服务的常态化发展，研究热点逐渐转向提升育人功能、促进社会主义精神文明建设、提升社

---

① 仇立平：《上海社区的志愿者活动》，《社会》1998 年第 2 期，第 16 页；刘珊、风笑天：《大学生志愿服务：动机、类型及问题》，《陕西青年管理干部学院学报》2005 年第 2 期，第 15 页。

② 陶倩：《志愿动机的层次分析》，《思想理论教育》2010 年第 11 期，第 81 页。

③ 么相姝、金如委、侯光辉：《大学生志愿者参与动机与行为效果关系研究》，《黑龙江高教研究》2015 年第 6 期，第 36 页。

④ 王秀华、闫春晓：《国外大学生志愿服务育人的借鉴研究》，《鞍山师范学院学报》2019 年第 3 期，第 90 页。

会服务综合效益层面。① 曾雅丽基于对国内外高校志愿服务运行机制及特点的比较研究，提出了培育大学生志愿文化、完善制度、提高服务水平和加快大学生志愿服务立法的建议和对策。② 李晗等在探讨国外和我国港台地区的实践和先进经验的基础上，指出目前我国大学生志愿服务评价体系存在管理层级较多、缺少专业的第三方评估机构、缺少明确的评价目标和评价形式单一的问题，并提出了完善大学生志愿服务评价体系的建议和路径。③

　　志愿精神与志愿文化是备受学者们关注的研究热点。自古以来我国就有"仁者爱人""非攻""兼爱"的优秀传统文化和乐善好施、扶贫救苦的传统美德，这些文化精神均与志愿服务精神有着紧密的联系。④ 随着近年来中华优秀传统文化的复兴，其中所蕴含的志愿精神理念价值在当今社会逐渐被认可，在环境保护、人际互助、和谐发展方面所体现出来的思想力量尤其受到关注与肯定。有学者基于域外经验提出志愿精神对推动志愿服务的积极作用，高嵘指出"美国是志愿者建立的国家"，志愿服务精神深入民心，政府指导、社区支持、有效立法和社会组织的网络支持促进了美国志愿服务的长久发展；⑤ 谭建光等认为我国志愿服务的发展需要借鉴西方国家志愿服务发展经验，政府法律推动、组织内部管理、社会协同参与，三方共同努力，

① 福建师范大学大学生志愿服务研究课题组：《大学生志愿服务研究的热点、趋势及启示——基于 CiteSpace 的文献计量分析》，《青少年研究与实践》2020 年第 2 期，第 78 页。

② 曾雅丽：《比较视角下的大学生志愿服务：制度化与专业化》，《高等教育研究》2012 年第 3 期，第 71 页。

③ 李晗、郑凌冰、李红：《大学生志愿服务评价国际比较研究》，《思想教育研究》2015 年第 5 期，第 97 页。

④ 穆青：《社区志愿服务的类型、内容与形式》，《北京青年政治学院学报》2008 年第 4 期，第 26 页。

⑤ 高嵘：《美国志愿服务发展的历史考察及其借鉴价值》，《中国青年研究》2010 年第 4 期，第 108 页。

并辅以志愿者精神的灌输。① 我国学者对志愿服务精神相关研究的关注聚焦于结合中国优秀传统文化来培育符合我国国情和社情发展的志愿精神。祝灵君认为，志愿精神是一种典型的社会资本，其基础是互助与自助，核心是慈善与为他人服务，本质是参与，前提为独立与自治。② 张勤、赵德胜的研究指出，志愿服务精神在一定程度上提升了中华民族传统文化和价值观在社会主义建设体系中的作用和地位。③ 王益峰认为，志愿服务是传承雷锋精神的主要载体，其参与群体的庞大性、形式的多样性以及服务的专业性等特征有利于更好地学习和发扬雷锋精神，一方面要以志愿服务活动作为载体，向全社会宣传雷锋精神；另一方面要在志愿者群体和组织内部弘扬雷锋精神。④

3. 制度、政策与法规研究

虽然志愿服务作为公益行为有自愿性、自发性和无偿性等特征，但相关行动与组织不能脱离政策的支持与国家的监管，制定指导、支持与监督政策，建立完善的管理体制与工作机制才能充分保障志愿服务活动与组织的长效良性运作。2007 年，党的十七大提出要深入开展群众性精神文明创建活动，完善社会志愿服务体系；2012 年，党的十八大提出要大力发展志愿服务活动，推动学雷锋活动常态化发展；2014 年，为促进我国志愿服务制度化、常态化发展，中央文明委印发了《关于推进志愿服务制度化的意见》；2016 年，中央全面深

① 谭建光、周宏峰：《中国志愿者：从青年到全民——改革开放 30 年志愿服务发展分析》，《中国青年研究》2009 年第 1 期，第 76 页。
② 祝灵君：《志愿者组织、志愿精神与政党领导》，《中共中央党校学报》2005 年第 3 期，第 42 页。
③ 张勤、赵德胜：《论社会建设进程中志愿服务新的定位》，《中国行政管理》2013 年第 3 期，第 44 页。
④ 王益峰：《论志愿服务与雷锋精神的传承》，《学校党建与思想教育》2012 年第 17 期，第 15 页。

化改革领导小组审议通过了《关于支持和发展志愿服务组织的意见》；2017 年，党的十九大再次提出推进志愿服务制度化建设，强化社会责任意识、规则意识、风险意识。可以说国家宏观层面的政策持续关注和引导了志愿服务的发展，各级立法工作也逐渐展开。1999年，以广东省人大通过的国内第一部青年志愿服务条例为标志，青年志愿服务的立法工作取得了突破。2016 年十二届全国人大四次会议讨论通过了《中华人民共和国慈善法》，其目的是发展慈善事业，规范慈善活动，保护慈善组织、捐赠人、志愿者、受益人等慈善活动参与者的合法权益。2017 年 8 月，国务院发布了《志愿服务条例》，旨在保障志愿者、志愿服务组织、志愿服务对象的合法权益，鼓励和规范志愿服务，发展志愿服务事业，培育和践行社会主义核心价值观，促进社会文明进步。近年来，宏观政策、地方立法、人大立法和国务院立法以及志愿服务组织规范不断取得突破，表明我国初步建立起了规范志愿服务的制度体系。

一些研究指出，当前我国志愿服务发展尚不成熟的原因仍在于法制建设不规范、管理机制不完善。[①] 关于构建志愿服务长效机制的研究可分为内部组织管理、外部法制推动两大部分。其中内部组织管理可细化为招募机制、激励机制、权益保障等方面。张庆武比较了中美志愿者激励在理念、方式、来源、过程中存在的差异，指出可通过国家放松行政管制、提供财政支持、加强地位认同等方式来激励志愿者。[②] 徐若兰以福建省志愿服务为例，认为应该建立以政府为主导、

---

① 张勤、武志芳：《中国志愿者发展问题研究的新视角》，《国家行政学院学报》2011 年第 6 期，第 52 页。
② 张庆武：《中美志愿者激励的差异性比较》，《中国青年研究》2008 年第 8 期，第 64 页。

社会参与协调统一的志愿服务管理机制。① 邓国胜等总结了美国志愿服务制度建设的经验，结合我国实际，提出了注重项目管理、激发公众服务精神、加强组织能力建设、完善政策体系等建议。② 韩景新等建议从培训、保障、激励等方面实现对大学生志愿者物质、精神、自我发展等方面的补偿。③ 王民忠等认为，强化政府主导地位、强化志愿服务顶层设计、激励体制及保障机制建设的科学性，建设"枢纽型"志愿者组织网络体系，从而切实提高志愿服务的效率和效能。④ 张萍等认为，志愿者内驱力挖掘不足是制约志愿服务稳定发展的重要因素，应加大改革力度、提升制度激励、推动社会力量跟进。⑤ 内部的组织管理的落实需要外部法制的推动，从而为志愿服务发展营造良好环境。肖金明等认为，当前我国志愿服务立法存在地方性法律法规形式各异、法律关系不明晰、管理体制不协调、志愿服务组织法律地位不明确等问题，阻碍了志愿服务的健康发展。⑥ 鲍晓晔认为，现阶段我国志愿者服务存在立法松散问题，缺乏对志愿者权益的保护（志愿服务契约、侵权责任规定、财产保险和第三者责

---

① 徐若兰：《志愿服务管理机制探索——以福建省为例》，《福建论坛》（人文社会科学版）2016 年第 9 期，第 122 页。

② 邓国胜、辛华：《美国志愿服务的制度设计及启示》，《社会科学辑刊》2017 年第 1 期，第 79 页。

③ 韩景新、杜建军：《大学生志愿服务利益补偿的探索与实践》，《高等农业教育》2013 年第 5 期，第 94 页。

④ 王民忠、狄涛：《论大学生志愿服务长效机制的构建》，《思想理论教育导刊》2013 年第 10 期，第 126 页。

⑤ 张萍、朱凌云、杨中英：《公益、功利与激励——我国志愿行动研究与实践中的几个问题》，《学习与实践》2013 年第 5 期，第 95 期。

⑥ 肖金明、张强：《志愿服务立法难点：调整范围与管理体制——基于我国志愿服务的实践及地方立法的经验》，《河南省政法管理干部学院学报》2010 年第 5 期，第 86 页。

任险的缺失）。① 姜广秀认为，可从构建激励机制、突出契约精神、厘清权责范围三个维度研究制定全国性志愿服务基本法，明确志愿者、志愿服务组织、服务对象的权利义务关系，划清政府、公民和社会组织在志愿服务中的职责界限，推动志愿服务协同发展、规范运行。②

4. 志愿服务推动社会治理研究

党的十九大报告提出，完善社区治理要发挥社会组织的作用，实现政府治理和社会调节、居民自治良性互动。志愿组织和志愿者群体作为基层最活跃的社会力量，可充分调动群众的积极性、主动性，有利于优化配置社会资源，提升志愿服务效能，促进社会稳定，推动社会主义和谐社会的建设。在我国，志愿服务下沉，助力社会治理、乡村治理的实践案例堪称车载斗量。我国脱贫攻坚战打响以来，广大志愿者、志愿服务组织积极响应党和国家号召，投身脱贫攻坚、全面建成小康社会的时代洪流，扎根基层，在服务农村教育科技、振兴农村文化、提升农村健康、关爱特殊群体、发展农村产业等各条扶贫战线上无私奉献。在 2020 年我国新冠肺炎疫情防控应对与管理过程中，参与武汉"志愿服务关爱行动"的志愿者，以及全国各地、各领域的志愿者在疫情防控和保障服务中起到了巨大的作用，做出了突出的贡献，体现了志愿服务在重大突发公共卫生事件治理和社会管理领域的重要意义。

学术层面，前文对 CSSCI 核心期刊发表的志愿研究论文研究主题词的梳理显示，以"社会治理""和谐社会"为关键词的研究成果数量颇丰，反映出学者们重视志愿服务对社会发展的作用。李图强认

① 鲍晓晔:《我国志愿者权益保护立法研究》,《湖北社会科学》2012 年第 6 期,第 154 页。
② 姜广秀:《我国志愿服务立法刍议》,《东北农业大学学报》(社会科学版)2020 年第 2 期,第 35 页。

为，志愿服务由于其无偿服务、助人为乐的基本特征，将会成为构建和谐社会的主要助力。① 张勤认为，志愿服务的特点决定了其在环境保护、文化及社区建设、扶贫开发、济孤助残等社会治理内容中能够发挥重要作用。② 张强认为，全面构建新时代志愿服务的创新路径一方面在于围绕社区做好志愿服务创新，另一方面在于结合乡村实际抓好志愿服务创新。③ 谭建光指出我国新冠肺炎疫情防控过程中的志愿服务对社会治理创新意义重大，志愿服务为激发社会治理创新热情、攻克治理失效难题、拓展网络治理途径、深化柔性治理内涵、丰富现代治理形式等提供了有益经验。④

社区志愿服务因在志愿服务实践中的优势地位也成为一个研究热点。上海社会科学学会联合会、上海市社区发展研究会对社区志愿服务做出如下定义：指一种基于社区范围内的，以社区居民为主体的，独立于政府、企业，自发组织的为社区居民提供各种公益性、非营利性的产品和服务，从而以此增进社区居民福利、推动社区治理发展的志愿服务形式。⑤ 罗峰认为，社区志愿服务有着促进国家与社会的良性互动、弥补政府资源不足、满足社区居民个性化诉求和倡导社会文明的作用，并在很大程度上促进了我国和谐社会的建设。⑥ 肖慧基于

① 李图强：《志愿者与志愿精神：和谐社会的重要内在动力》，《中国行政管理》2008 年第 11 期，第 71 页。
② 张勤：《现代社会治理中志愿服务可持续发展的路径选择》，《学习论坛》2014 年第 3 期，第 51 页。
③ 张强：《在社会治理创新格局中深刻认识新时代志愿服务》，《中国社会工作》2019 年第 34 期，第 4 页。
④ 谭建光：《"战疫"志愿服务与社会治理创新》，《社会治理》2020 年第 3 期，第 50 页。
⑤ 上海社会科学学会联合会、上海市社区发展研究会编《志愿服务与社区发展——上海城市社区志愿者活动研究报告》，上海三联书店，1998。
⑥ 罗峰：《社区志愿活动与和谐社会的构建》，《中国行政管理》2006 年第 1 期，第 57 页。

对湖北某市 28 个社区的调查指出，当前基层社区志愿服务体系日渐完善，但仍存在着志愿者结构不合理、志愿服务水平不高以及志愿服务保障不足等基础性问题，提出了健全宣教机制、强化政策保障机制、完善队伍培育机制以及探索党建引领志愿服务助力社区治理的协同工作机制的建议。①

在农村开展志愿服务是完善乡村治理、促进乡村振兴、助力扶贫攻坚的有效路径。谭建光将农村志愿服务的参与者细分为农民志愿者、农民工志愿者、乡村干部志愿者、大学生下乡志愿者、城乡居民结对志愿者、社会组织入村志愿者等，并将农村志愿服务类型划分为以下几种：农村党建引领志愿服务、农村文明实践志愿服务、乡村振兴志愿服务、乡村治理志愿服务、扶贫助困志愿服务、邻里互助志愿服务、文化习俗志愿服务、美丽乡村志愿服务等。② 袁小平等认为，志愿服务在精准扶贫中始终扮演着"拾遗者"和"补缺者"角色；要更好发挥志愿服务在脱贫攻坚中的作用，现阶段亟须在动员逻辑的行政化倾向和自上而下的组织框架下，将志愿服务参与精准扶贫的单一性关系模式转变为多元化协同关系模式。③ 叶浣儿认为，志愿组织在参与精准扶贫工作中具有工作模式灵活、容易扶贫到户的优势，在推进志愿服务参与扶贫进程中应注意防范其中的风险，加强政府监督、增强经费保障、做好志愿者权益保障工作，从而促进社会公平和稳定发展。④

---

① 肖慧：《新时代社区志愿服务助力社会治理的困境与出路——基于 28 个社区的调查分析》，《长江大学学报》（社会科学版）2020 年第 4 期，第 100 页。

② 谭建光：《中国农村志愿服务类型、发展历程和主体构成》，《社会治理》2021 年第 3 期，第 11 页。

③ 袁小平、张雪林：《志愿服务参与精准扶贫的协同惰性研究——基于协同关系模式的分析》，《福建论坛》（人文社会科学版）2019 年第 7 期，第 168 页。

④ 叶浣儿：《志愿服务参与扶贫工作：风险与防范路径》，《学理论》2018 年第 3 期，第113 页。

我国志愿服务实践与研究始终与国家发展、社会进步同向而行。进入新时代，实现"两个一百年"奋斗目标更加需要志愿者投身其中。在新时期实施创新驱动发展战略的背景下，科技志愿服务作为志愿服务专业化的重点类型，在助力科技创新创业、服务社会治理、提升大众科学素质、促进社会文明进步等各项工作中意义重大且大有可为。

第二章
国内外科技志愿服务
发展研究

赵　沛*

经过长期理论与实践发展，志愿服务为世界各国的文明进步带来了积极影响。早期具有志愿性质的科技服务在公众认识和参与科学活动的实践之中产生雏形，一方面给科技带来了新的发展机遇，另一方面也为公众理解科学创造了良好环境。进入 21 世纪，科学技术在世界范围内的话语权得到显著提升，科技创新成为推动国家进步发展的强驱动力。美国和欧洲各国用于科技服务的投入逐年提升，提高公民科学素质以促进科学技术发展进步成为共识。同时，经过长期发展探索，各类公益性质的科技志愿组织也蓬勃发展起来。

新中国成立以来，我国长期在社会各界开展各类科技志愿服务，对提升公民科学文化素质、改善人民生产生活起到重要促进作用。科技志愿服务平台和队伍的建设成为新时期我国科技志愿服务发展的新契机，体制化、规范化、规模化的科技志愿服务模式将为我国公民科学素质提升提供新路径。

---

* 赵沛，中国科普研究所科研助理，研究方向为科学教育、科学文化等。

一 国外科技志愿服务发展研究

（一）早期国外科技志愿服务起源

国外关于科技工作者和公众以志愿形式参与到科技活动之中或提供科技服务的相关论述，最早可追溯至 15 世纪 60 年代。随着科学社团的不断成熟和完善，早期开展的志愿科技传播活动也主要集中于科技组织内部。1665 年，《皇家学会哲学会刊》（*Philosophical Transactions of the Royal Society*）创办，第一任秘书亨利·奥尔登堡（Henry Oldenburg）就曾呼吁皇家学会会员们"互相传授知识，并尽其所能为增进自然知识的宏伟事业奉献力量"。[1] 18 世纪和 19 世纪，都出现过科学爱好者或者公众参与到科学现象收集活动中的案例，而这些参与者很多都是各类科学学会的会员。1989 年，《技术评论》（*Technological Review*）杂志在论述公民通过参加科技活动发挥志愿者作用的"公民科学"现象时，指出公众可通过各种形式加入科技组织从事科技活动，了解、传播和开展科学研究。[2] 黄晗在论述公民科学中公众的存在形式时认为，公民科学的内涵一是科技界融入公众的努力，二是公众对科技界的反哺，对于公众参与科技决策与科技社会治理有积极意义。[3]

科技志愿服务与公民科学活动在某种程度上交叉，涉及人群不仅包含民众，还包括科技工作者团体乃至科技界，期待各方共同致力于

---

① James Wynn, *Citizen Science in the Digital Age* (Alabama: The University of Alabama Press, 2017), p. 2.

② 徐善衍：《最有效的科学传播是适应需求服务——再谈公民科学服务体系建设》，《科普研究》2007 年第 4 期，第 5 页。

③ 黄晗：《公民科学：风险社会下知识专家与民主治理关系的重构》，《湖北行政学院学报》2013 年第 4 期，第 4 页。

科技传播与进步。公民科学更强调公众在科技活动中的主体性，所指代的社会活动可以追溯到更早期的科技实践。19世纪，随着科技活动在现代化生产生活中地位的提高，科学开始走制度化的道路，公民参与科学的需求和必要性不断提升。1846年，在民主地参与科学的精神的影响下，由英国科学家詹姆斯·史密森（James Smithson）捐助，美国国会遵照其遗愿"增进和传播知识"建立全球最大的博物馆和成立教育综合体史密森学会。史密森学会编制的年报记载了其开展的第一次大型科学研究活动——气候研究，成为早期公民科技志愿实践活动的典范。

19世纪40年代末，气象学无论在美国还是欧洲都刚刚起步，同时面临着争议。[①] 首任史密森学会秘书长约瑟夫·亨利（Joseph Henry）提出了建立美国气象观测系统的想法并付诸实践。基于当时气象学研究人员的共知：必须收集大规模的数据。作为一个捐赠机构，史密森学会向组织委员会申请资金支持。同时，学会向国会议员们发出信函，提出公开向可能有意愿参与研究活动的30个州共412位人员发起招募，邀请其担任研究观察员。最终，召集到志愿加入该项目的共计155名观察员。这个志愿者队伍在后期扩展到了600多人。

历史学家詹姆斯·弗莱明（James Fleming）在对观察员的分析记录中发现，几乎一半（47%）的志愿者来自"科学、技术或教育行业"，另一半志愿者则大部分是从事能够适应日常观察的职业（气象观察活动需要志愿者每天记录3次，一周记录6天）。观察员主要为大学教授、学术机构的教师、法律相关从业人员、医生、教会教士、农民以及少数从事机械和商业行业的公民。史密森学会气候研究项目结束时，农民参与观测的比例从1851年的8%上升到1870年的

---

① 吴岳：《史密森学会的创立及其初期活动研究（1836—1878）》，博士学位论文，东北师范大学，2016，第117~121页。

37%；科技人员和教育人员参与观测的比例由 47% 下降到 16%。弗莱明的分析客观上表明，在科技项目开展过程中，农民志愿者参与科学研究的意愿得到了提高。

史密森学会气象研究组织者通过建立标准化的观察流程，带领招募的观察员开展系统的气象观测，获得了大量可用于研究的气象数据。观察员在观测活动中，对气象的兴趣日益浓厚，逐渐感受到自己正在合作参与一项伟大的工作。他们意识到这项工作关系到自己国家乃至世界的科学发展，它的成功取决于所有参与观测的人的准确记录、忠诚和奉献。通过招募非专业观察员参与科技活动，公众对科学和国家的责任感，以及被称为"公民科学家"的科学精神被唤醒。史密森学会气象研究项目开展的遍布全美的观察工作，为美国气象观测系统的建立打下良好基础，使美国预测和监测天气的能力得到长足发展，逐渐领先于欧洲。

作为早期公民参与科技志愿活动的范例，美国史密森学会的气象研究项目在全美范围内发起了科技志愿者招募，在项目进行过程中逐渐形成了较为完备的气象观测志愿者培训和组织体系。项目之所以能够获得成功和取得气象方面的巨大成就，是因其实现了当时社会各界多方力量的联合，聚合了政府支持、科技专家指导和大量科技志愿者的服务。政府得到了气象数据应用于农业生产和经济社会发展的效益，相关科技专家获得了珍贵的研究数据，志愿者了解了相关科技知识，共同促使了项目良性运转。史密森学会气象研究项目招募志愿者的运转模式是国外早期科技志愿实践的成功案例，对科技志愿活动的发展有重要指导意义。

（二）国外科技志愿服务发展

19 世纪，公民主要通过成为科技组织志愿者的方式参与科技活动，也就是"公民科学"的雏形。公民科学可以看作国外科技志愿活动初期的主要形态。2009 年，在关于公民科学的讨论中，康奈尔大学鸟类学实验室的研究人员谈道："公众参与科学研究并不新鲜。灯塔看守人早在 1880 年就开始收集有关鸟类撞击船只的数据；国家气象局合作观察计划始于 1890 年；奥杜邦协会从 1900 年开始每年的圣诞鸟类普查。"可见，在很长一段时间内，国外的科技志愿服务是以公众志愿参与科技活动的形式存在的。

19 世纪以来，随着世界科学技术的迅猛发展，科技促进国家实力强劲增长的作用不断凸显，公民科学素质的提升和科技创新后备力量的培养成为各国关注的焦点。面向公众的科技志愿服务和非正式科学教育逐渐成为发达国家面向社会提供的公共服务内容。"科技志愿"的内涵也得到了扩充和完善，由早期的公众参与到科技活动中实现科技传播普及，逐渐向以科技组织和科技场馆等为核心，向社会开放科技资源进行科技服务的形式转变。其中，向社会开放的科技场馆经历了科技博物馆、科技馆到科学中心三个阶段的发展，实现由单纯的展示功能向以受众为核心的科技教育功能的进步。这种与公众之间由单向到双向的对话方式，增强了科技传播过程中受众的互动性与参与感，大大提升了非正式科学教育效果。科技组织也将把面向公众的科学传播服务纳入日常工作范畴，但是在某种程度上，从狭义上来看，这种转变也弱化了"科技志愿"的功能。

进入 20 世纪，美国各界越来越强调提升公民科学素质的重要性，主要表现在美国对非正规科学教育的大力投入。菲利普·贝尔（Philip Bell）认为，"非正规科学教育是面向全体公众的教育"。[①] 美国的非正规科学教育主要指代的内容之一就是面向公众的科技志愿服务。[②] 美

---

① Philip Bell eds. , *Learning Science in Informal Environments*: *People*, *Places*, *and Pursuits* (Washington, DC: The National Academies Press, 2009), pp. 13 – 18.

② 王珲：《浅析美国的非正规科学教育》，硕士学位论文，上海师范大学，2012，第 7 页。

国联邦科学、能源和技术协会的报告显示，1993 年美国政府用于公众理解科学活动的资金是 1.37 亿美元，这个数字在 2007 年达到了 67 亿美元。美国对非正规科学教育的投入大大促进了科学教育的进步。认为非正规教育属于科技志愿服务的观点是从一种泛在意义上对两者关系的界定，与后文对概念的专业探讨有所区别。

美国政府机构下的美国国家科学基金会设有专门面向非正规科学教育项目的资金，每年会对全国范围内具有创新教育意义的项目进行支持。此外，美国科学促进会、美国科学教育协会也会开展非正规科学教育相关研究和提供奖励等。美国通过科技组织等开展非正规科学教育的科技志愿模式，20 世纪以来得到了长足发展，对提高公民科学素质起到了非常积极的作用。

除美国外，欧洲的英国科学促进会、亚洲的日本科学技术振兴机构等由各国政府参与组建的科技组织，同样是科技传播与普及的承担者，其重要工作之一就是面向公众开展各类科学传播活动，提高公民科学素质，从而促进全社会科技进步，主要的资金来源都是政府部门。① 此类机构开展的科技活动，需要的场地设备、专家顾问和志愿者等科技资源，大多依靠组织自身的号召力和影响力等向社会各界募集，所提供的服务同我国目前的科技志愿服务具有一致性。

非正规科学教育与我国科技志愿服务的差异主要表现在教育性上。当向公众提供的科技服务是以科学教育，尤其是 STEM 教育的形式实现，充当教师角色的科技工作者与充当学生角色的公众之间，一般是一种单向的传播模式，公众在这一过程中的参与感较弱。而随着博物馆、科技馆的建立和不断发展，尤其是后期科学中心的出现，公

---

① 王蕾、马场炼成：《日本科学技术振兴机构与科学传播事业》，《科学》2012 年第 3 期，第 59 页。

众在科技传播活动中的角色不再局限于接受者，更多向参与者甚至在指导下变化为主导者的方向转变。前文提到，科技志愿的概念与早期国外公民科学的发展有密切关系。在史密森学会的研究项目中，招募科技志愿者参与到气象信息收集志愿活动中，启发了早期的"公民科学"。

从公民科学的发展历史中可以发现，数字技术正在影响着非专业人员、科学和科学家，改变了科学实践的方式。数字技术的进步降低了公民参与科学研究的难度，现代公民科学可以更低廉的成本开展，而且可以获得更广泛的资金支持。一些探讨揭示出，现代计算机和互联网以前所未有的方式开启了科学实践和非专业人员参与科学研究的可能性，让公民能够更容易地参与科学研究。过去，志愿者为科学家开展科学研究提供了免费的服务，现在公民可以通过培训等方式加入科学研究工作中。公民科学的发展表明了志愿者加入科学活动的可能性提升。

科技志愿活动与公民科学的概念范畴有所重合，不仅仅包含公民参与科技活动本身，还包含志愿者作为科技传播人员，加入科技传播活动中，向公众传播科学知识。现代科技发展大大降低了科技组织和科技人员与志愿者沟通合作的成本。在信息科技飞速发展的当下，以科技组织为平台，科技工作者和公众以志愿的形式参与科技活动和科学传播活动，这将会成为提升公民科学素质的新范式。

（三）国外科技志愿服务案例研究

政府机构支持下的科技组织提供科技志愿服务的社会化协同模式，目前仍处于发展探索之中。通过建立科技界与公众之间的联系，科学研究、传播与普及能够以志愿服务的形式在全社会范围内展开。红十字国际委员会和国际志愿者组织作为世界知名志愿服务组织，拥有较为成熟完备的运行机制，提供的主要服务涵盖科技内容部分，其历史、组织架构、资金来源和工作模式等都值得研究。

1. 红十字国际委员会

红十字国际委员会是以医学志愿服务为核心工作内容的国际志愿组织。1863 年，红十字国际委员会由瑞士人亨利·杜南倡议成立，当时称为"伤兵救护国际委员会"，是世界上最早成立的红十字组织。1864 年，在委员会的促成下第一个日内瓦公约签订，几经修订后于 1949 年形成了关于维护平民和保护战争受难者的日内瓦四公约，得到了全世界范围内众多国家的认可。红十字国际委员会的主要职责即源自这份公约。[①]

19 世纪晚期，红十字国际委员会由日内瓦慈善家组成的"社会公益协会"成立，该协会当时是一个面向社会公开招募医务力量的民间组织。最早的团队成员包括亨利·杜南、一名士兵、一位律师和两名医生。目前，委员会总部设在瑞士日内瓦，在全球 100 多个国家拥有约 2 万名组织成员。组织运行资金主要来自各国政府以及国家红十字会和红新月会的自愿捐赠。

战争时期，红十字国际委员会以宣扬战争中的人道思想为目标，吸纳并向战场派遣医务志愿者，提供医疗志愿服务。[②] 根据《日内瓦公约》的规定，委员会以中立组织的身份对战争受难者进行保护和救济，受理有关违反人道主义公约的指控，致力于传播人道主义。同时，委员会还与有关团体合作培训医务人员，推动医疗技术发展。进入 21 世纪，红十字国际委员会的工作也面临着新的变化和挑战，除提供医疗服务外，委员会拓展教育培训相关合作，积极推动国际人道

---

① 《国际红十字会》，《求知》2004 年第 11 期，第 44 页。
② 红十字国际委员官方网站，https://www.icrc.org/，最后访问日期：2021 年 7 月 15 日。

主义发展。

2. 国际志愿者组织

联合国大会于 1970 年决议组建国际志愿者组织（UNV），负责管理与国际志愿者事业相关的各类事务。国际志愿者组织的价值理念是，通过与合作伙伴的共同协作，致力于为全世界提供志愿服务，为和平与发展做出贡献，促进志愿服务的价值得到全球认可。[①] 国际志愿者组织开展的志愿项目涉及领域广泛，包含农业、卫生、教育、社区发展、职业技术培训、工业技术、交通、能源、环保和人口研究等110 多个专业领域。

国际志愿者组织 2020 年年报显示，虽然受到新冠肺炎疫情的影响，2020 年组织仍拥有 9459 名来自 100 多个不同专业领域的志愿者，同全世界范围内 60 个合作伙伴一共参与了 158 个项目。国际志愿者组织的志愿者来自 168 个国家，35% 的线下志愿者年龄小于 20岁，52% 为女性。国际志愿者组织的资金主要来自其上级机构——联合国开发计划署（NUDP），属于联合国机构的日常项目预算。其余部分来自驻在国政府的捐助、捐助国政府的特殊用途捐款以及联合国志愿人员的特殊志愿基金。

国际志愿者组织主要通过与受援国政府、联合国专门机构、国际开发银行及国际民间组织和社区组织进行伙伴式合作开展志愿服务。纽约办事处通过与常驻联合国代表团、联合国纽约总部、民间社会组织和其他设在纽约的组织发展伙伴关系来推动志愿服务工作开展。此外，组织还在安曼（包括阿拉伯国家）、曼谷（包括亚洲和太平洋）、达喀尔（包括西非和中非）、伊斯坦布尔（包括欧洲和独立国家联合体）、内罗毕（包括东非和南部非洲）和巴拿马城

---

① 国际志愿者组织官方网站，https：//www. unv. org/，最后访问日期：2021 年 7月 15 日。

（包括拉丁美洲和加勒比区域）设有 6 个区域办事处，分别向所在区域政府、联合国相关机构、民间社会和私营部门提供志愿服务，影响力辐射全球。

国际志愿者组织提供服务的项目通常由受援国政府管理，通常受到联合国相关组织的援助与监督，组织本身也应一些受援国政府的要求作为项目的执行机构。国际志愿者组织发布的一个面向 2030 年的志愿工作行动计划文件提到，希望通过制定框架，以及各国政府、参与志愿工作的组织、联合国机构、私营部门、民间社会和学术界共同努力，加强公众的主导权，将志愿工作纳入国家战略和政策，评估志愿人员对可持续发展的贡献。

二 国内科技志愿服务发展研究

（一）国内科技志愿服务研究起源

新中国成立以来，我国的科学技术普及事业得到了长足发展。以中国科学技术协会为核心的全国学会和各级地方科协，一直以来都将科普纳入日常科技工作的重要范畴，积极推动志愿科普服务深入大众。科技志愿服务作为一个单独的名词，最早的文献记录为 2009 年刊登在《科技日报》上的一篇名为《科技部在陕北农村开展科技志愿服务活动》的报道。①

2010 年，中国科学技术发展战略研究院（以下简称"战略研究院"）撰写了题为《深入开展科技志愿服务的必要性和可行性》的调研报告，文中提出"科技志愿服务是指运用系统性的科学技术知识

---

① 吴颖：《科技部在陕北农村开展科技志愿服务活动》，《科技日报》2009 年 1 月 21 日，第 3 版。

为推动社会进步而提供的志愿服务"，[1] 为我国开展的科技志愿服务下了最初的定义，指出科技志愿服务具有专业化、制度化、国际化的可发展方向，并表明我国的科技志愿服务正处于良好的社会环境和发展机遇中。[2] 2011 年，战略研究院的邓大胜等人在《关于建立我国科技志愿服务体系的思考》中提出，"可开展科技志愿服务的社会领域十分广泛，包括科学技术普及、农技推广、专业技术服务、紧急救援与防灾减灾、人口健康，社区养老，环境生态保护，节水节能，低碳生活，广告中虚假科技信息评估，等等"。文中论述了建立中国特色的科技志愿服务体系的必要性，就人员构成、动力机制、经费来源、运行方式、组织管理模式、服务范围、活动内容等多个方面的体制机制建设提出了相关建议。该研究系统地论述了科技志愿服务的领域、特点和机制，对我国科技志愿服务体系的建立和发展起到了一定的促进作用。

在中国知网以"科技志愿"为关键词检索，对检索所得的与"科技志愿"相关度较高的 59 篇文献进行总体分析可知，我国科技志愿相关的研究高峰出现在 2019 年之后，最早的参考文献来自 20 世纪 90 年代（见图 2 - 1）。相关的研究内容主要为科技志愿服务活动的相关总结分析，"科普""中国科协""志愿活动""志愿服务"等关键词在研究中被多次提及。相关文献所属的主要期刊为《科技传播》、《学会》和《科技日报》等（见图 2 - 2），学科为经济与管理科学、社会科学、基础科学与信息科技（见图 2 - 3）。

---

[1]　中国科学技术发展战略研究院：《深入开展科技志愿服务的必要性和可行性》，http：//www. casted. org. cn/channel/newsinfo/4376，最后访问日期：2021 年 7 月 15 日。

[2]　邓大胜等：《关于建立我国科技志愿服务体系的思考》，《中国科技论坛》2011 年第 4 期，第 15 页。

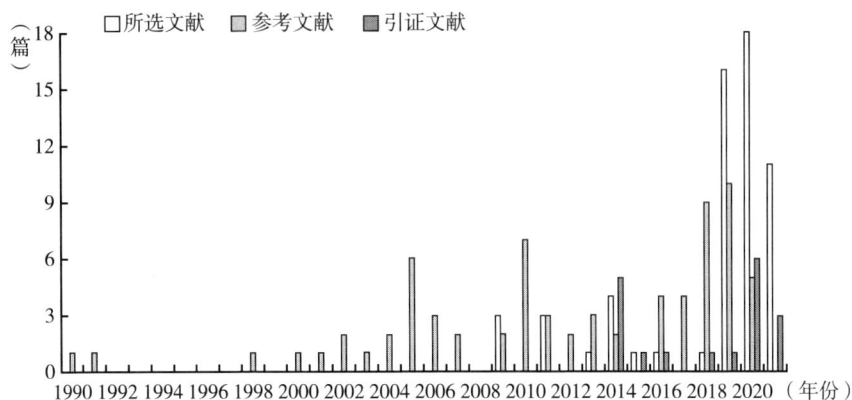

图 2 - 1   1990 ~ 2021 年科技志愿相关文献总体趋势分析

资料来源：中国知网。

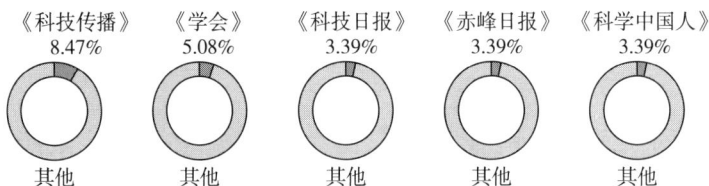

《科技传播》	《学会》	《科技日报》	《赤峰日报》	《科学中国人》
8.47%	5.08%	3.39%	3.39%	3.39%

图 2 - 2   科技志愿相关文献来源分布

资料来源：中国知网。

图 2 - 3   科技志愿相关文献学科分布

资料来源：中国知网。

在科技志愿服务作为一个概念被正式提出之前，我国的科普实践和志愿服务已经经历了很长时间段的发展和完善，形成了相对成熟的运行模式和管理体系。科技志愿服务相关的体制机制建设探索，成为科技部和中国科协等相关机构近年来工作的重点方向之一。从科技志愿服务定义的提出，到与之相关的研究涌现，有将近十年的蛰伏期。这个阶段我国经济社会飞速发展、持续向好，在全社会范围内鼓励科技创新发展，为科技志愿服务体系的建设打下了良好的实践和理论根基，形成了科技志愿服务同国家科学文化事业建设发展相契合的新局面。

（二）国内科技志愿服务体系建立

党的十八大报告在扎实推进社会主义文化强国建设的部分指出，需全面提高公民道德素质，深化群众性精神文明创建活动，广泛开展志愿服务，推动学雷锋活动、学习宣传道德模范常态化。党的十九大报告在"坚定文化自信，推动社会主义文化繁荣兴盛"部分指出，需加强思想道德建设，推进诚信建设和志愿服务制度化，强化社会责任意识、规则意识、奉献意识。进入新时代，习近平总书记对弘扬雷锋精神、发展志愿服务事业作出一系列重要指示。十九大以来，中国科协以习近平新时代中国特色社会主义思想为指导，开展了一系列与建立科技志愿服务体系相关的工作。

2019 年 5 月 30 日，在第三个"全国科技工作者日"，中国科协主办发起"礼赞共和国、追梦新时代——科技志愿服务行动"活动，以引导科技界力量为经济社会发展服务，满足全社会特别是基层群众对科学普及、掌握先进技术和人才培养的迫切需要为主要目标。① 任务流程为组建各级科技志愿者队伍、搭建基层科技志愿服务平台、开展志愿服务行动，以及培育发现科技工作者开展科技志愿服务和服务基层先进队伍和典型人物；重点任务为遴选首批百家学会和百支科技志愿者队伍和举办行动座谈会。中国科学技术协会组建的中国科技志愿者服务总队在活动上成立，成为我国首支科技志愿服务的"国家队"。在中国科技

---

① 《中国科协"礼赞共和国、追梦新时代——科技志愿服务行动"2019 年全国科技工作者日系列活动》，《科技导报》2019 年第 10 期，第 105 页。

会堂，中共中央宣传部常务副部长王晓晖为中国科技志愿者总队授旗。中国科协党组书记、常务副主席怀进鹏成为中国科技志愿者总队的领队。首批百家学会、百支科技志愿者队伍中的代表也被授旗。

《中国科协办公厅关于开展"礼赞共和国、追梦新时代——科技志愿服务行动"全国科技工作者日主题系列活动的通知》中另附的《有关科技志愿服务行动建议》提出三点建议，一是建议号召各级学会组织科技工作者广泛开展科技服务活动，走进企业和科技园区，推动科技界深入对话、了解各方需求，整理形成创新难题需求库；二是建议号召科技工作者走进社区广泛开展志愿服务活动，就与人民群众生产生活密切相关的科技知识进行科学传播与普及，促进公众理解、接受、应用科技成果，普及科学知识，传播科学精神，养成科学、健康、文明的生活方式；三是建议号召科技工作者走进农村广泛开展志愿服务活动，通过科技培训提高农村重点人群科学素质，通过网络平台建设提升农民科普信息化服务水平，通过各类科普服务改善科普惠农服务条件。

2019 年 8 月，在中国科协科普部发往全国学会、协会、研究会科普部（普委会），各省、自治区、直辖市科协科普部与新疆生产建设兵团科协科普部的《中国科协科普部关于进一步做好科技志愿服务有关工作的通知》（以下简称《通知》）中，对与科技志愿相关的以下几个概念做出了清晰界定。

科技志愿服务，是指科技志愿者、科技志愿服务组织为服务科技工作者、服务创新驱动发展、服务全民科学素质提高、服务党和政府科学决策，自愿、无偿向社会或者他人提供的公益性科技类服务。

科技志愿服务组织，是指各级科协组织和相关机构成立的科技志愿者协会、科技志愿者队伍、科技志愿服务团（队）等。

科技志愿者，是指不以物质报酬为目的，利用自己的时间、科技技能、科技成果、社会影响力等，自愿为社会或他人提供公益性科技类服务的科技工作者、科技爱好者和热心科技传播的人士等。

科技志愿服务信息平台，是中国科协指定的科技志愿者、科技志愿服务组织的注册管理平台，并通过平台来统筹指导和协调管理各级各类科技志愿服务工作。

《通知》明确了国内科技志愿服务的工作目标是：开展科技志愿服务注册，旨在动员、吸纳更多公众成为科技志愿服务的倡导者、传播者、践行者，有效整合科技志愿服务组织资源，规范科技志愿服务管理体制，宣传推广科技志愿服务典型案例和典型人物。《通知》对科技志愿服务工作任务也进行了具体部署，包含宣传、动员、引导科技工作者、科技爱好者加入；建立科技志愿服务组织注册制度；设立平台组织科技志愿活动。近年来，习近平总书记对弘扬雷锋精神、发展志愿服务事业作出的一系列重要指示，对志愿服务工作给予充分肯定、寄予深厚期望，是推进新时代志愿服务事业发展的政治指引和根本遵循。在中国科协的大力支持和组织下，中国科技志愿服务网站（http：//www. stvs. org. cn/）开办，统筹协调国内各地科技志愿服务活动。

（三）国内科技志愿服务体制机制

我国科技志愿服务经历近十年理论与实践相结合的探索发展，已经形成了较为成熟的活动开展模式。2019 年全国科技工作者日，科技志愿服务活动作为重点任务发布后，相关体制机制建设也逐渐步入正轨。2019 年 8 月 1 日，中国科协研究制定了《科技志愿服务管理办法（试行）》［以下简称《管理办法（试行）》］，中国科协办公厅发布关于印发《科技志愿服务管理办法（试行）》的通知。

《管理办法（试行）》面向全国学会、协会、研究会，各省、自治区、直辖市、副省级城市科协，新疆生产建设兵团科协，主要为深入学习、宣传、贯彻习近平新时代中国特色社会主义思想和党的十九大精神，着力加强思想政治引领，着力围绕中心、服务大局，着力推动科协系统改革向基层延伸，着力加强党的领导和党的建设；要求各级学会和地方科协结合实际抓好科技志愿服务贯彻落实，推动科技志愿服务规范化、制度化、常态化，鼓励动员更多科技工作者参与科技志愿服务，构建各界参与、内容丰富、形式多样、机制健全的科技志愿服务体系。

《管理办法（试行）》是国内第一个对科技志愿服务做出规定的制度化文件，也是目前开展科技志愿服务主要的遵循守则。《管理办法（试行）》共分为五章，总则部分表明文件是根据国务院《志愿服务条例》的有关规定，结合科技志愿服务特点制定的；明确了科技志愿服务、科技志愿组织和科技志愿者的内涵和界定；明确科技志愿服务的思想引领，应自觉培育和践行社会主义核心价值观，弘扬"奉献、友爱、互助、进步"的志愿精神和"爱国、创新、求实、奉献、协同、育人"的新时代科学家精神，动员科技工作者进社区、进乡村、进学校、进企业、进园区，以所学所研报国为民、无私奉献；明确活动组织为中国科协牵头成立的中国科技志愿者总队，按照纵横结合、分类指导、属地和层级管理相结合的原则，指导各级学会、地方科协和有关机构成立各级各类的科技志愿服务组织，开展科技志愿服务工作。

《管理办法（试行）》指出，我国科技志愿服务开展的核心力量为中国科协领导的科技志愿服务组织。在具体开展工作时，科技志愿服务组织、科技志愿者应通过中国科协指定的科技志愿服务信息平台进行注册，并确保真实、准确、完整。同时，明确了科技志愿服务组织的职责和制定了科技志愿者的权利和职责细则，确保科技志愿服务活动能依法、有序地开展，保障参与志愿活动的志愿者的权益；对科技志愿服务组织的运行经费来源进行了说明，提出可采取公开招募与定向招募相结合、经常性招募与阶段性招募相结合、面向个人招募与面向集体招募相结合等方式开展招募工作，建立健全高效便捷的科技志愿者招募机制和稳定通畅的招募渠道。

《管理办法（试行）》对科技志愿服务涉及的范围进行了划定。科技志愿服务的范围主要包括：依托基层现有科普力量，例如新时代文明实践中心、党群服务中心、社区服务中心、科普中国 e 站等基层阵地，开展的与公众关切问题，例如防灾减灾、应急避险、食品安全、卫生防疫、生态保护等相关的，诸如科技培训、科普报告、农技服务、义诊咨询、青少年科技教育等公益性科技类服务；围绕创新驱动发展和乡村振兴战略，为满足地方和企业科技文化需求，对口开展的相关公益性科技类服务；在文化场馆、科技场馆、科普教育（示范）基地等公共场所开展的公益性科技类服务；在特定时间开展的特色活动，例如在学雷锋纪念日、全国科技活动周、全国科技工作者日、全国科普日、国际志愿者日等开展的科技志愿服务；结合基层公共科技文化设施和群众性科技活动，各级科协组织及其他单位开展的科技类相关活动；面向科普重点人群，为老年人、未成年人和其他生活困难群众等提供的公益性科技类服务；线上线下相结合开展的互联网公益性科技类服务等。

《管理办法（试行）》对我国各类科技志愿服务的形式和内容进行了系统的梳理与部署，为科技志愿服务组织的运行维护提供了指导意见。明确提出须建立健全科技志愿服务激励机制，为科技志愿者争取本地区相应的优惠奖励政策。对服务时间较长、业绩突出、社会影响较大的科技志愿服务组织、科技志愿者和科技志愿服务项目给予褒扬。充分利用各类媒体，宣传科技志愿服务活动中的感人事迹，总结推广成功经验，营造全社会关心、支持、参与科技志愿服务的良好氛围。同月，中国科协科普部发布了《关于进一步做好科技志愿服务有关工作的通知》，对科技志愿组织的注册流程做出细化的说明。

作为一部可以具体应用于指导开展科技志愿服务的政策性文件，《管理办法（试行）》为各地建立科技志愿服务队、招募科技志愿者和开展科技志愿服务活动提供了依据。2019 年 4 月，中国科协与中央文明办共同发布了《关于开展新时代文明实践中心科技志愿服务试点工作的通知》，提出新时代文明实践中心的试点工作与科技志愿服务结合开展，充分发挥广大科技工作者在推动社会文明进步中的积极作用。《管理办法（试行）》的出台为新时代文明实践中心以科技惠民、科学普及等为主要内容的科技志愿服务提供了进一步指导。

三 国内科技志愿服务建设研究

（一）国内科技志愿服务的品牌建设

志愿服务组织的品牌建设决定着公众对组织的认知程度，[①] 品牌化发展对提高志愿组织知名度和影响力、最大化社会效益有重要意义。[②] 一个优秀独特的志愿服务品牌代表的组织形象，能够带来良好的美誉度。科技志愿服务作为一类涉及范围广、活动内容极其丰富、面向对象来自社会各个领域的志愿活动，统一的品牌能够为服务组织、志愿者和被服务者提供价值共识，促进科技志愿服务活动良性发展。

为树立科技志愿服务工作的旗帜和品牌，提升科技志愿服务工作的社会影响力和传播力，鼓励动员更多科技工作者参与科技志愿服务工作，2019 年 8 月，中国科协发布《关于征集中国科协科技志愿服务 Logo 及口号的公告》，面向广大科技工作者和支持中国科协科技志愿服务工作的社会各界公开征集科技志愿服务 Logo 及口号，用于中国科协科技志愿服务相关新闻报道、文化宣传、活动环境布置等。2020 年 5 月 29 日，中国科协科普部发布公告，提出经过初审、大众投票、专家评审后，最终确定了中国科协科技志愿服务的 Logo（见图 2 - 4）和口号。口号为科技新时代、志愿添光彩。

中国科技志愿服务信息平台是中国科协指定的科技志愿者、科技志愿服务组织的注册管理平台，用于统筹指导和协调管理各级各类科

---

① 王建：《志愿服务规范化建设及品牌化发展路径探究》，《行政事业资产与财务》2020 年第 9 期，第 60 页。
② 李琳：《社区志愿服务的品牌建设》，《中国西部科技》2008 年第 36 期，第 74 页。

图 2 – 4　中国科协科技志愿服务 Logo

技志愿服务工作。平台包括中国科技志愿服务门户网站、科技志愿服务微信公众号、中国科技志愿 App 和后台管理系统四部分，分别对应不同使用场景，最大限度满足志愿者用户的需求。

中国科技志愿服务门户网站设置"首页"、"志愿活动"、"品牌项目"、"志愿组织"、"志愿之星"、"志愿快讯"、"政策文件"和"友情链接"8 个菜单栏。"首页"是对平台所有菜单栏内容的集中展示，设有轮播图展示平台，重点公布新闻资讯信息；数据统计展示平台实时注册的科技志愿者、科技志愿服务组织数量，以及发布的科技志愿服务活动数量。"志愿活动"展示的是科技志愿服务活动的列表页，包括"智能推荐"和"全部活动"两部分。"品牌项目"是由科技志愿服务组织创建，用于集中展示多个具有特色的科技志愿服务活动。"志愿之星"展示的是优秀科技志愿者和科技志愿服务组织的先进典型案例，以轮播图形式进行推送，可通过志愿者或组织名称进行搜索。"志愿快讯"是对科技志愿新闻资讯进行宣传推送，可根据发布日期、供稿单位、标题名称等多个条件快速查找。

科技志愿服务微信公众号设置"志愿者""组织""友情链接"三个主菜单。已经在中国科技志愿服务信息平台门户网站、科技志愿服务微信公众号或中国科技志愿 App 注册成为科技志愿者的用户，绑定微信后，可在"志愿者"菜单中对用户信息进行编辑。科技志愿服务微信公众号有注册、加入科技志愿组织、参与科技志愿活动和查询志愿者志愿信息等诸多功能。中国科技志愿 App 的功能相较于微信公众号更为完整，能够展示更多科技志愿服务信息。

中国科技志愿服务信息平台注册信息实时更新，截至 2021 年 6 月 29 日，注册志愿者 1321400 人，注册组织 32366 个，发布活动 61430 个，发布项目 951 个。发布的科技志愿活动包含线上线下的科技培训、科技咨询、科普报告、农技服务、青少年科技教育、科普讲解、网络科普等多种类型，服务对象包括儿童、青少年、孤寡老人、残障人士、优抚对象、特困群体、国家公务员、专业技术人员、职员、农民、学生、现役军人、自由职业者、个体经营者、无业人员、退（离）休人员、科技工作者等各类社会群体。

2020 年 5 月，为大力推进科技志愿服务，促进科技志愿服务制度化、规范化、常态化，中国科协、中央文明办发布《关于组织实施科技志愿服务"智惠行动"的通知》，在全国范围内广泛开展以科技惠民、科学普及等为主要内容的科技志愿服务"智惠行动"。目标是加强党的领导和思想政治引领，推动科协系统改革向基层延伸，形成各界参与、内容丰富、形式多样、机制健全的科技志愿服务体系，提升基层科协组织能力和基层科技科普服务能力。搭建科技和科普服务基层的供需精准对接平台，广泛动员科技工作者建立专业高效、各具特色的科技志愿服务队伍，面向基层开展丰富多样、满足需求的科技志愿服务活动。通过组织化的志愿服务来拓宽与群众面对面、心贴心的联系沟通渠道，满足广大人民群众对美好生活的科技需求，让党的声音传遍千家万户，有效增强人民群众的获得感和幸福感。通过制度化的志愿服务来搭好服务平台和展示舞台，满足广大科技工作者发挥所学所长、履行社会责任和实现自我价值的精神需求。

（二）国内科技志愿服务典型案例

2020 年，中国科协开始评选科技志愿服务"四个十佳"，包括十佳科技志愿者、十佳科技志愿服务队、十佳科技志愿服务项目和十佳科技志愿服务点（社区或村），以选树典型促工作开展，以此带动全社会各方力量支持、参与科技志愿服务。2021 年 1 月，中国科协发布《中国科协办公厅关于公布 2020 年度科技志愿服务先进典型的通知》，决定表扬、宣传王雅红等 10 名科技志愿者、中国康复医学会科技志愿者总队等 10 支科技志愿服务队、乌海市海勃湾区"科普智荟进社区（农区）"系列活动等 9 个科技志愿服务项目、天津市滨海新区泰达街道（乡镇）紫云社区等 10 个科技志愿服务点（社区或村），选树为 2020 年科技志愿服务先进典型。

十佳科技志愿者中，有一部分为优秀科技工作者。内蒙古自治区科技志愿服务总队的伊毕格乐图，主要服务项目为畜牧养殖技术下基层、现场生产指导及咨询。自参加科技志愿服务活动以来，利用自身专业特长，坚持为广大农牧民朋友提供双语（蒙古语和汉语）科学养殖技术讲座、现场指导并随时利用远程技术提供畜牧养殖和疾病防治咨询等服务。参加"百名专家走进盟市旗县科普传播行"活动时，组建养殖咨询服务微信群 30 多个，服务基层农牧民超过 5000 余人；送农牧民急需的畜牧养殖技术下基层，讲授了畜禽科学养殖技术与提高养殖效益的方法、疾病预防与改善畜产品品质的方法等一系列既能传播绿色新发展理念又满足当地养殖户实际需求的理念和方法。在 2020 年新冠肺炎疫情防控常态化时期，指导和帮助科技志愿者制作疫情防范科普作品，通过微信和长江雨课堂宣传疫情防控科普知识，通过网络、微信群的方式为基层农牧民提供养殖技术、牲畜疾病防治等方面的咨询，助力复工复产。

除积极投身科技志愿服务的科技专家以外，被表彰的科技志愿者还有多次参与组织志愿服务的优秀志愿者。北京科学中心科技志愿服务队的吴景茜，2020 年新冠肺炎疫情防控常态化时期，在中国老教授协会教企合作委员担任志愿者时表现突出，组织了数十场志愿活动，累计招募组织人数过千人。每月 10 日、20 日两次同时举办线上和线下的专家讲座，每场均组织上百名志愿者参与其中。在北京科学中心与科协签订的"智惠行动"计划中，负责策划多项志愿者活动。2020 年 9 月 19 日～25 日，第十届北京科学嘉年华活动期间，组织北京市 42 所高校的 326 名志愿者参与到活动中，带动更多的人加入科普志愿工作中。

哈尔滨市道里区科协科技志愿者服务大队的王世义，2015 年 5 月 10 日起参加科技志愿服务活动，累计参加科技志愿服务时长 1920 小时。2020 年 1 月 27 日到 5 月 7 日的 102 天中，他以一名科技志愿者的身份带领着社区人员一边守住卡点，一边开展防控知识普及，以无胜不休的抗疫精神被街道居民亲切地称为最给力的科技志愿者。发明的"四步消毒法"阻断了病毒传播途径，稳定了居民的恐慌心理。这一科学方法被《哈尔滨日报》记者报道后，成为"妙招"被全市各个小区借鉴，在哈尔滨日报客户端、今日头条等网络媒体上，累计得到万余网友的点赞。

优秀科技志愿服务队中的湖南省科技志愿者总队，成立于 2019 年 9 月 11 日。湖南省科技志愿者注册人数达 3.38 万人，位居全国第三，注册组织数 638 个，居全国第六。总队在助力新时代文明实践中心建设，特别是在科学抗"疫"新冠肺炎的战场中发挥着重要作用。累计开展科技志愿服务时长 10250 小时，人均开展科技志愿服务时长 3.5 小时，经常开展科普宣传、文明劝导、扶贫帮困、科技咨询和培训、青少年科技教育等科技志愿服务活动。以服务新时代文明实践中心为目标，开展科普大篷车进乡村、进校园、进社区巡展活动。助力城市文明素质提升。总队工作主动融入长沙市全国文明城市、全国卫生城市创建之中，组织志愿者在指定地点开展交通文明劝导、社区道路环境整治、社区科普宣传等活动 50 余次。

湖南省科技志愿者总队志愿者每季度赴省科协扶贫点涟源市杨市镇砖湾村开展精准扶贫"六个一"活动，为贫困户义诊、送药、送慰问金、送棉被，给瘫痪贫困户购置轮椅，深入细致了解他们的家庭情况，宣传扶贫政策，树立脱贫致富信心，围绕精准扶贫、突出产业支撑、服务产业发展的目标，在科技助力精准扶贫工程项目的支持下，组织动员了全省 6767 名科技志愿者专家进贫困村、入贫困户，询情况、找出路、谋发展，培育科技示范户（科普带头人）2060 名，带动 700 余个产业发展，助力 4 万余名贫困群众增收脱贫，彰显了脱贫攻坚的志愿者担当精神。

新冠肺炎疫情突袭而至后，湖南省科技志愿者总队快速组织抗疫力量。省科协副主席、省科技志愿者总队长、湘雅二医院研究员周后德主动担纲，联合肖涛、朱建华等 12 名专家志愿者组建了"省科协疫情防控应急科普宣传专家组"，负责全省科普信息的编制、审查，确保科普湖南融媒体中心发布科普信息的科学性、准确性。启动抗疫宣传。总队迅速向全社会征集并选定了 20 条科普宣传标准化标语向全社会发布。迅速编撰了《新型冠状病毒肺炎大众防护与心理疏导》《新型冠状病毒感染的肺炎防控知识 100 问》《新型冠状病毒感染的肺炎校园防控手册》三本权威科普读物，为疫情防控提供最好的武器。发挥专家志愿者优势，稳步推进复工复产。"抗疫情·保春耕·稳生产"科普讲坛农技专家团累计开展技术咨询服务 9638 次，现场直播视频回放阅读量合计 225 万人次。

科技志愿服务项目先进典型中，于 2018 年开启院士专家科普乡村行项目成果丰硕，参与项目的注册科技志愿者 127 人。项目聚焦脱贫攻坚，促进农民增收致富，定点帮扶淮安市淮阴区三堡村、沭阳县胡塘桥村、睢宁县孙赵村等省定经济薄弱村。召开志愿帮扶工作座谈会 8 次，组织科技志愿者 12 批 28 人次；开展规划制定、测土配方、良种引进、试验示范、技术指导、品牌创建等全产业链服务。2018年以来，通过组织全省涉农科技志愿者培训、线上线下指导等服务，开展全国农民科学素质网络知识竞赛江苏赛区活动，截至 2020 年 10月，组织全省农村居民、农业生产者、农村基层科教文卫工作者、农业科研教学单位人员和涉农专业学生等 21.5 万人、468 万人次参赛，有效提升了全省农民科学素质。组织 127 名科技志愿者，赴徐州、淮安、宿迁、南通、连云港、泰州、苏州、扬州、南京、镇江、无锡等11 个市 70 多个镇村，共开展"院士专家科普乡村行"活动 81 场，服务基层群众 10530 人次。

2020 年新冠肺炎疫情突袭而至后，"院士专家科普乡村行"志愿者通过门户网站和微信公众号等媒体发布疫情防控和复工复产科普作品 336 个；累计宣传受众达 110.8 万人次。组织志愿者捐款捐物，参与庐山社区疫情防控工作，开展人员排查、现场科普等志愿服务，累计协助完成返宁人员信息登记与排查 214 人次。举办沭阳县塘沟镇甘薯产业基地筹建视频研讨会暨院士专家科普乡村行在线服务活动，防控工作常态化后连续组织开展现场服务 3 场次。

科技志愿服务点（社区或村）先进典型辽宁省朝阳市北票市东官营镇海丰村，注册科技志愿者 200 人，注册科技志愿者人数占村常住人口的比例为 10%，开展科技志愿服务项目包括技术培训、科普报告、农技服务、健康咨询。建立"7＋1"志愿服务队伍，以党员共建志愿服务队牵头，另外成立 7 支志愿服务分队，分别是理论宣讲、教育与服务、文化服务、科技与科普、健身体育、道德建设、扶贫与帮困志愿服务队。组织各志愿服务分队建立"文明新海丰"微信群，利用抖音、快手、火山小视频等，传播科学种植养殖知识，使科普信息传播与传统科普深度融合。推出线上＋线下"农机现场会""农村能人地头讲解""灭茬技术实地观摩""农药使用安全流程"

"肉鸡养殖知识小贴士""庭院立体种植"等一系列科普宣传活动，推广新品种、新技术、新项目、新业态。建立和完善各项规章制度，制定科技志愿服务工作流程，拥有志愿者招募注册和管理培训制度、志愿服务记录制度、志愿服务褒奖激励和回馈等制度，使科技志愿服务工作逐步走上标准化、规范化、科学化和常态化之路。

（三）国内科技志愿服务发展方向

2021年1月，中国科协推出的科技志愿服务线上培训系列课程已在科技志愿服务信息平台门户网站、科技志愿服务微信公众号正式上线，旨在为科技志愿者、志愿服务组织和志愿服务工作者搭建起线上提质增能的"加油站"。线上课程通过邀请中国志愿服务联合会、北京志愿服务发展研究会、北京市志愿服务联合会及相关领域的专家学者参与课程研发和录制。从理论学习、案例分析、技能提升三个视角，围绕志愿服务基本理论、志愿服务发展愿景、科技志愿服务的发展与意义、科技志愿服务的项目管理与创新、科技志愿服务的队伍建设与培育、科技志愿者应知应会技能、科技志愿服务骨干能力提升、志愿服务精神的彰显等类别，设置了27门课程，每门课程时长约30分钟。

2021年2月，中国科协发布的《中国科协2021年宣传思想工作要点》中，强调要以基层新时代文明实践中心和党群服务中心为节点，完善推广群众点单、社区派单、部门领单、志愿组织接单的"订单认领"模式，不断提升科技志愿服务精准性和扩大覆盖面。突出"我为群众办实事"的活动宗旨，扎扎实实解决好群众最关心、最直接、最现实的利益问题，最困难、最忧虑、最急迫的实际问题，进一步增强科技工作者的获得感、幸福感、安全感。切实加强社会主义精神文明建设。指出要坚持虚实结合、以实见虚，加强理论宣传，支持、引导地方科协主动对接新时代文明实践中心建设，突出科技服务民生主题开展"智惠行动",注重因地制宜、探索创新,把惠民服务和党的理论宣讲有机结合,充分发挥科技志愿服务在做好基层思想政治工作中的作用。

2021 年 6 月,国务院发布《全民科学素质行动规划纲要(2021—2035 年)》(以下简称《纲要》),为实现新发展阶段科普和科学素质建设高质量发展规划了实施路径。《纲要》指出:"构建省域统筹政策和机制、市域构建资源集散中心、县域组织落实,以新时代文明实践中心(所、站)、党群服务中心、社区服务中心(站)等为阵地,以志愿服务为重要手段的基层科普服务体系。动员学校、医院、科研院所、企业、科学共同体和社会组织等组建科技志愿服务队,完善科技志愿服务管理制度,推进科技志愿服务专业化、规范化、常态化发展,推广群众点单、社区派单、部门领单、科技志愿服务队接单的订单认领模式。"

我国科技志愿服务的发展进步,与经济社会需求和现代化建设密不可分。进入新发展阶段,信息化、智能化的技术手段提升了科技志愿服务的多元化、精确化程度。2018 年,中共中央办公厅印发了《关于建设新时代文明实践中心试点工作的指导意见》,提出通过新时代文明实践"更好推动农民全面发展、农村全面进步",还提出了"新时代文明实践中心(所、站)的主体力量是志愿者,主要活动方式是志愿服务"。[①] 由此,县区、镇街、村居的志愿服务总队(分队、队)蓬勃发展,开启了新时代志愿服务的新气象。依托新平台实现科技志愿服务质量和覆盖范围的提升、拓展,已逐渐成为未来志愿服务发展的新方向。

---

① 马钰娜:《志愿者在建设新时代文明实践中的价值》,《现代交际》2021 年第 2 期,第 235 页。

第三章
中国特色科技志愿服务模式探索

郑 念　王丽慧*

文明代表着人类的生活方式，志愿服务是衡量一个社会文明进步的重要标志。中国古代人民创造了辉煌璀璨的文明，并向周边国家辐射传播，为世界文明进步与发展做出了重要的贡献。中国古代文化蕴含了朴素的慈善思想，如墨子的"兼爱"就体现了互助的志愿精神内涵。通过志愿服务助力新时代文明实践中心建设，凝聚群众、传播文明、引领风尚，是新时期提升社会文明程度的重要举措，同时也是提升志愿服务效率的途径。2018年，中央全面深化改革委员会第三次会议审议通过了《关于建设新时代文明实践中心试点工作的指导意见》，同年8月，全国第一批新时代文明实践中心建设试点工作确定50个县（市、区）为试点单位。2019年10月，中央宣传部、中央文明办召开深化拓展建设新时代文明实践中心试点工作电视电话会议，公布了第二批新时代文明实践中心全国试点县（市、区）名单，试点单位从50家扩大到500家。志愿服务是建设新时代文明实践中心的重要工作方式，通过搭建"理论宣讲、教育体育服务、文化服务、科技与科普服务、卫生健康服务"五大平台，依托各层级新时

---

* 郑念，中国科普研究所副所长，研究员，研究方向为科普教育、科普评估理论等；王丽慧，中国科普研究所科普政策研究室副主任，副研究员，研究方向为科普理论、科学文化等。

代文明实践中心，在全社会掀起了志愿服务的热潮。科技志愿服务属于五大平台之一，通过团结广泛的科技志愿者、科技志愿服务组织，为社会和群众提供公益性的科技服务，将科技科普服务送进社区、乡村、企业、学校等贴近群众生活和需要的地方，实现科技与文明的有机融合。

一　新时代文明实践中心的建设与发展

新时代文明实践中心的建设是推动习近平新时代中国特色社会主义思想深入人心、落地生根的重大举措，是推动乡村全面振兴、满足农民精神文化生活新期待的战略之举，也是推进高质量发展、实施乡村振兴战略的重要载体。从我国广大农村、社区来看，新时代文明实践中心的建设与基层组织、基层文化场所的组织机构建设和发展密不可分，体现着我国基层社会治理水平的不断提升和社会文明的进步。

（一）基层组织的发展

我国从以农业为基础的传统社会发展到现在，三农问题一直影响着经济社会的发展。在基层，农民通过一定的组织开展生产、生活活动，各种组织也因此成为基层地区的社会运行基本单元。当前，随着城镇化的推进，我国农村结构也发生了重要变化，乡镇村级人口逐渐减少，县级单元成为核心。县级及以下的社区和农村地区，可以按照功能将各类基层组织分为政治组织、经济组织和社会组织等。其中政治组织主要是指政府组织，包括基层的权力机构、行政机构、司法机构以及政府主管的群团组织等。① 基层经济组织主要指具体经济组织和农民专业合作组织。其中农民专业合作社具有比较悠久的历

---

① 饶静：《农村组织和乡村治理现代化》，中国农业大学出版社，2019，第4页。

史。基层的社会组织，指以社区为基础，服务社区、满足社区的社会公益需求、开展公益事业且不以营利为目的的组织。基层的各类社会组织围绕医疗、文化、教育、养老等问题，实现以社区为核心的服务职能。由于我国基层情况的特殊性，各类组织的功能并不是截然分开的，而是具有一定程度的交叉重合，共同实现政治、经济和社会功能。

基层的政治组织是基层工作的基础。一般认为，农村基层政治组织包括农村基层的政党组织，即乡镇党委和村党支部；农村基层政府组织，即广义的乡镇人大、妇联等；农村自治组织，即村民委员会和村民会议等。

经济组织是基层发展的推动力，与科技的联系较为紧密。以农业合作社为例，国外农村合作组织有 100 多年的历史，主要对农村地区的生产经营活动产生重要影响。农村的各类合作组织以提升生产经营效率为目标，例如在丹麦、荷兰等国家，奶制品、猪肉、花卉、水果和蔬菜等农产品均由各种形式的合作社销售。我国的专业合作组织早期由知识分子组建，借助工农革命运动迅速发展，国民政府时期颁布了《农村合作事业暂行规程》。新中国成立后，农业合作社发展迅速，并由初级的合作组织转变为高级的合作社或者人民公社。[1] 这一时期，我国的农村专业合作组织发展以联产承包责任制为基础，其中 20 世纪 80 年代安徽凤阳县小岗村的模式对全国农村发展产生了里程碑式的影响。根据中国农村专业技术协会官网数据，目前农村专业技术协会覆盖全国，全国共有农民专业技术协会组织 11 万个，个人会员 1478 万。[2] 这些协会是开展农业领域的科技

---

① 李建军、刘平主编《农村专业合作组织发展》，中国农业大学出版社，2010，第 6 页。

② 中国农村专业技术协会概况，https：//www. nongjixie. org/cms/channel/3. html，最后访问日期：2021 年 8 月 5 日。

志愿服务的重要组织。

社会组织是基层社会服务的重要依托组织，同时也是近年来发展较快的基层组织，伴随着社区建设的兴起而逐渐形成规模。一般来说，社会组织是以农村社区为基础，服务社区，不以营利为目的的组织。2009 年《民政部关于进一步推进和谐社区建设工作的意见》指出，"建立健全共青团、妇联、残联、老年协会等群团组织在社区的机构，大力培育服务性、公益性、互助性社区社会组织，发挥其提供服务、反映诉求、规范行为的作用。充分发挥行政机制、互助机制、志愿机制、市场机制的作用，进一步完善覆盖城乡社区居民的社区服务体系，满足居民群众多样化、多层次、多方面的服务需求"。这是社区社会组织建设和发展的重要契机，也对社区社会组织的发展产生了重要影响。

一般来说，基层的社会组织以某种职能为核心开展工作，在运行机制上，多依托村庄内部的资源，实现农村社区自我管理和自我服务，其中志愿服务是基层社会组织的重要运行方式。通常农村社会组织的运行受基层党组织的领导，在志愿精神的基础上，通过政府购买服务、公益募捐、企业或基金会支持等运行方式，根据社区需要开展相应的活动。公益性是基层社会组织的基本属性之一，志愿者是社会组织的主要组成部分，围绕科技、文化等与基层群众息息相关的内容开展工作。志愿工作除依托社会组织以外，也在一定程度上带动了相关文化场所的建设和发展。

（二）基层文化场所建设

近年来，国家和地方政府不断增加基层文化设施投入，以县级图书馆、文化馆，街道和乡镇文化站，社区和村文化活动室为主的公共文化设施网络已经基本形成。在基层公共文化设施建设上，从国家到各地各部门，都有相关的政策和相应的实践探索。

为加强基层公共文化建设，国家出台了一系列法律法规和政策文件，对公共文化体系、设施、服务等提出具体要求，如2015年中共中央办公厅、国务院办公厅颁布的《关于加快构建现代公共文化服务体系的意见》，对加快构建现代公共文化服务体系，推进基本公共文化服务标准化、均等化，保障人民群众基本文化权益做了全面部署。国务院办公厅2015年发布的《关于推进基层综合性文化服务中心建设的指导意见》指出，要在全国范围的乡镇（街道）和村（社区）普遍建成集文化宣传、党员教育、科学普及、普法教育、体育健身等功能于一体，资源充足、设备齐全、服务规范、保障有力、群众满意度较高的基层综合性公共文化设施和场所，形成一套符合实际、运行良好的管理体制和运行机制，建立一支扎根基层、专兼职结合、综合素质高的基层文化队伍。同时，《中华人民共和国公共文化服务保障法》《中华人民共和国公共图书馆法》等相关法律也为基层公共文化服务建设提供了法律上的支持和保障。

在国家对基层文化服务的支持下，各地也广泛开展了探索，在文化场所建设方面形成很多优秀的典型。目前，浙江、安徽等省份结合当地实际，建设农村文化礼堂、农民文化乐园等，极大地丰富了基层文化设施，在面向公众提供文化服务的同时，注重扩展价值观念、道德要求等新的内涵，让广大群众享便利、长见识、增素质。

2013年，中共浙江省委办公厅、浙江省人民政府办公厅颁布了《关于推进农村文化礼堂建设的意见》，提出通过推进农村文化礼堂建设，丰富农村的精神文化生活，建设农民群众的精神家园。至2018年底，浙江省共建成1万多个农村文化礼堂。浙江文化礼堂逐渐形成自身特有的发展模式和特点，在纵向和横向、实体和数字联动中，注重因地制宜、融入产业振兴、鼓励社会参与、强化制度设计、以农民需求为导向等，不仅拓宽了农民的公共文化空间、重塑了农民的精神家园，也为基层公共文化服务的可持续发展探索出了新的模式与路径。①

2014 年 9 月，为解决农村文化建设存在的资源分散、保障不足、利用率低等问题，安徽省结合美好乡村建设，按照"一场"（综合文体广场）、"两堂"（讲堂、礼堂）、"三室"（文化活动室、图书阅览室、文化信息资源共享工程室）、"四墙"（村史村情、乡风民俗、崇德尚贤、美好家园）的建设要求，在全省 20 个行政村试点建设标准化村级综合文化活动中心——农民文化乐园，完善公共文化服务体系。②

"乡村舞台"是甘肃省面对当地历史文化悠久但经济欠发达，文化资源富集而公共文化服务能力不足的现实，整合基层行政村现有的项目、资金、人才、设施等资源，在全省范围内组织实施的文化惠民工程。至 2015 年，甘肃省已经累计投入资金 23 亿元，共完成 10426 个"乡村舞台"建设任务。《甘肃省"乡村舞台"建设方案》要求，逐步扩大"乡村舞台"的影响力和覆盖面，到 2017 年底，在全省 16024 个行政村实现"乡村舞台"全覆盖。③

基层文化场所的建设既丰富了群众的文化生活，也为开展志愿服务提供了场所、资源和平台，依托基层文化场所开展志愿服务是繁荣发展基层文化的有效途径。各类志愿服务能够组织动员科技人员、文化工作者和社会力量自愿参与到基层文化建设中，科技类志愿服务因其贴近公众生活，能够切实解决生产生活中的问题，成为基层志愿工作中的重要组成部分。

---

① 陈信、柯云、邵博云：《基层公共文化服务可持续发展模式研究——以浙江农村文化礼堂为例》，《山东图书馆学刊》2021 年第 1 期，第 12 页。

② 《安徽：因地制宜建设"农民文化乐园"》，http://www.wenming.cn/whhm_pd/yw_whhm/201512/t20151224_3043385.shtml，最后访问日期：2021 年 8 月 5 日。

③ 宋喜群、王雯静：《甘肃乡村舞台："舞"出农村新生活》，《光明日报》2015 年 12 月 28 日，第 4 版。

（三）新时代文明实践中心的建设情况

新时代文明实践中心是对基层文化场所和活动的进一步升级，通过整合基层组织的文化宣传功能，增强理论宣传和群众教育功能，切实提升基层组织的引导和服务能力。新时代文明实践中心建设要求整合各种资源，创新方式方法，用中国特色社会主义文化、社会主义思想道德牢牢占领农村思想文化阵地，不断满足人民日益增长的精神文化需求，丰富人民精神世界，增强人民精神力量，提升人民精神风貌，更广泛、更有效地动员和激励广大农村群众积极投身全面建设社会主义现代化国家。2018 年 8 月，中共中央办公厅印发了《关于建设新时代文明实践中心试点工作的指导意见》，指出要"打通宣传群众、教育群众、关心群众、服务群众的'最后一公里'"，打造理论宣讲平台、教育服务平台、文化服务平台、科技与科普服务平台、健身体育服务平台。在统筹考虑东、中、西布局，突出代表性、典型性，选择北京、吉林、江苏、浙江、安徽、福建、山东、湖南、广东、海南、贵州、陕西等 12 个省（市）的 50 个县（市、区）进行第一批试点（见表 3-1），全国各地相继启动了新时代文明实践中心建设工作。

表 3-1　全国第一批新时代文明实践中心试点县（市、区）名单

省（市）	试点县（市、区）	数量
北京市	延庆区	1
吉林省	农安县、通化县、靖宇县、通榆县、敦化市、珲春市、延吉市、公主岭市	8
江苏省	徐州市贾汪区、溧阳市、海安市、宜兴市、盱眙县、阜宁县、丹阳市	7
浙江省	桐庐县、慈溪市、平阳县、诸暨市、长兴县、安吉县、海宁市	7
安徽省	巢湖市、天长市、当涂县	3
福建省	上杭县、福安市	2
山东省	胶州市、寿光市、荣成市、平度市、桓台县、龙口市、曲阜市、肥城市、五莲县	9
湖南省	凤凰县、辰溪县	2

省（市）	试点县（市、区）	数量
广东省	博罗县、乳源瑶族自治县	2
海南省	海口市琼山区、美兰区	2
贵州省	赤水市、清镇市、龙里县	3
陕西省	凤县、延川县、富平县、志丹县	4

　　试点工作自 2018 年 8 月开始启动实施，在 50 个地区逐渐推开，各地先后建成新时代文明实践中心（所、站），并整合资源全力推动文明实践试点工作。试点工作以全县域为整体，以志愿服务为基本形式，打通城乡公共文化服务体系的运行机制、文化科技卫生"三下乡"的工作机制、群众性精神文明创建活动的引导机制，整合人员队伍、资金资源、平台载体、项目活动。

　　在组织和运行机制上，新时代文明实践试点按照县、乡、村三级结构建设，按照三级结构推动各类志愿服务工作（见图 3－1）。其中在县级层面，成立新时代文明实践中心，负责文明实践工作的统筹协调、工作指导和督查考核，并指导镇（街、园、区）、部门、村（社区）开展工作，做好工作规划、教材编写、志愿队伍建设、人员培训、活动组织等工作。在镇（街、园、区）层面，成立新时代文明实践所，做好向上对接、向下传导的作用，负责辖区文明实践活动和村级文明实践站的规划建设、统筹指导、人员培训等。在村（社区）层面，成立新时代文明实践站，整合基层的文化大院、综合文化活动中心、村史馆、文化广场、公开栏等现有农村基层文化阵地和设施，因地制宜打造规范化新时代文明实践站，开展各具特色的文明实践活动和志愿服务。

　　新时代文明实践中心的科技与科普服务平台建设，充分按照盘活资源的思路，整合科技示范基地、农村科技创新室、科技信息

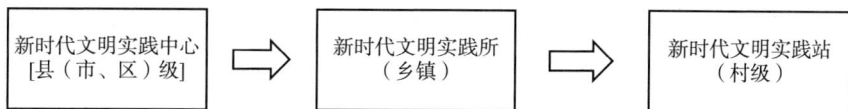

图 3 - 1　新时代文明实践志愿服务模式的三级框架

站、益农信息社、科普中国乡村 e 站、科普大篷车、科普活动室、农家书屋等，实现机构、人员、资源设施的综合利用。按照从中心到站的组织结构和工作结构，试点地区扎实推进工作，依托志愿服务平台，结合各地实际开展特色鲜明的科技志愿服务。例如，浙江省海宁市结合当地的文化礼堂，实现志愿服务的四级"阵地链"，即实践中心—实践所—文化礼堂—实践点，并培育"一点一品"特色阵地，在田间地头、农村示范户和企业车间打造实践点，将科技科普服务送到群众中去。① 安徽省当涂县积极开展试点工作，结合青少年安全教育，开展"安全知识进校园"、农业科技知识帮扶果农、告别陋习等多种形式的活动，进一步发挥科技科普知识和志愿服务的力量。

2019 年，在北京召开深化拓展新时代文明实践中心建设试点工作电视电话会议，确定把 450 个县（市、区、旗）纳入新时代文明实践中心第二批全国试点名单。自此，全国已有 500 个新时代文明实践的试点地区。

第二批试点地区公布后，全国各地的新时代文明实践中心建设工作更为扎实有序推进，同时出现了一批新时代文明试点的典型。新时代文明实践中心的建设除了具备以往基层文化场所和活动的优势之外，还展现出鲜明的时代价值。作为基层思想教育和文化培育

---

① 《海宁市入选全国新时代文明实践中心建设试点市》，http：//www. wenming. cn/wmsjzx/klxf/zj_ 46830/201810/t20181031_ 4880638. shtml，最后访问日期：2021 年 8 月 5 日。

的公共空间，新时代文明实践中心具有政治性、教育性、公众性，这三个特性决定了其突出的规训功能、教育功能、实践功能。① 首先，新时代文明实践中心具有树立人民群众的观念意识的政治功能。通过观念意识领域的思想灌输，将社会文明的核心内容集中传达给群众，并作为精神理念传承下去。其次，新时代文明实施中心体现出培育时代新人的教育功能。通过利用集聚的资源和条件，能够以发人深省的活动，让群众在潜移默化中受到洗礼和教育，尤其是理想信念、青少年教育、乡村教育等内容，深刻地影响着公众的精神状态，改变社会风气和不良习俗，带来群众观念变革，培育了新时代的公民。再次，新时代文明实践中心具有培育精神文明的实践功能。文明观念只有通过实践才能内化于心、外化于行。新时代文明实践中心通过具体的活动，检验社会文明建设的成果，加强与群众的精神联系，促进形成具有一致价值观的社会群体，推动社会文明的整体进步。

二　科技志愿服务的重要阵地

新时代文明实践中心作为基层文化建设的载体，是深入推进科技志愿服务，实现科技为民、科普惠民的重要阵地。各级科技部门、科协组织、科技工作者和科技科普志愿者积极参与平台工作，展现科技与科普在基层文化建设中的助推作用。

（一）科协组织积极推动新时代文明实践科技志愿服务

中国科协作为科技工作者的团体，是科技志愿服务的重要组织机

---

① 展伟：《新时代文明实践中心的时代价值》，《光明日报》2019 年 11 月 20 日，第 6 版。

构。2019年4月29日，中国科协和中央文明办联合发布了《关于开展新时代文明实践中心科技志愿服务试点工作的通知》，开展以科技惠民、科学普及为主要内容的科技志愿服务，在第一批50个新时代文明实践中心试点地区重点推进科技志愿服务，实现助力新时代文明实践中心建设、打造"智惠行动"服务品牌、探索构建科技志愿服务体系的工作目标。

根据这个通知，试点地区的各级科协和学会积极组建科技志愿服务队，联合所在地区的文明办，统筹规划，将科技科普与文化建设紧密结合起来，推动科技为基层群众服务。

2020年5月28日，中国科协、中央文明办共同发布《关于组织实施科技志愿服务"智惠行动"的通知》，在全国范围内广泛开展以科技惠民、科学普及等为主要内容的科技志愿服务"智惠行动"。主要任务包括四个方面。[①]

第一，整合资源创新推进科技志愿服务。通知要求各地基于2019年试点工作，联合创造条件，整合和下沉资源，积极创新，壮大省级、市县级科技志愿服务队伍，吸纳各类专业人员。充分利用传统的科普活动和关键时间节点，如全国科普日、全国科技活动周、文化科技卫生"三下乡"等，开展科技志愿服务。

第二，助力新时代文明实践中心建设。试点县（市、区）科协要成立科技志愿服务队伍，动员基层科技工作者，尤其是基层科协"三长"（学校校长、医院院长、农技站站长等）注册成为科技志愿者，充分利用区域内的科技馆、科普基地等资源，结合群众生产生活需求开展卫生健康、青少年科普、科学辟谣等科技

---

① 《中国科协 中央文明办关于组织实施科技志愿服务"智惠行动"的通知》，https：//www. cast. org. cn/art/2020/5/28/art_ 459_ 122511. html，最后访问日期：2021年8月5日。

志愿服务活动。

第三，开展学会科技志愿服务基层行。各级学会要充分发挥学会专家人才聚集优势，重点为边远贫困地区、边疆民族地区和革命老区提供科技培训、科普讲座、技术指导等科技志愿服务，努力推动优质科技资源向老少边贫等困难地区倾斜，推进科技科普基本公共服务均等化。

第四，开展科技志愿服务"十佳"评选，通过对科技志愿者、科技志愿服务队、科技志愿服务项目和科技志愿服务点（社区或村）开展推荐评优工作，树立优秀工作典型，从而带动社会力量广泛参与，让科技志愿服务真正成为动员全社会的有效行动。

依据通知，各级科协发挥组织优势和人才优势，积极组建科技志愿服务队，吸纳科技志愿者。截至2020年底，全国实名注册科技志愿者104万人，志愿服务组织2.7万个，科普中国信息员达513万人；全国500个新时代文明实践中心试点地区中，有487个注册成立了科技志愿服务组织。

（二）科技志愿服务积极融入新时代文明实践中心建设

2019年5月30日，是第三个全国科技工作者日，中国科协在京宣布成立中国科技志愿者总队。随后，各全国学会和省级科协将逐步建立覆盖各级、各行业的科技志愿服务机制。中国科技志愿总队的成立，使科技工作者通过组织深入基层一线，为基层提供了高质量、创新的科技服务。各全国学会的科技志愿服务队也逐渐建立，成为对接基层、服务群众的重要力量。在实际工作中，各类科技志愿服务工作积极与新时代文明实践中心建设紧密融合，依托平台优势，扩大科普服务的范围和受众，提升科普的现实效果。

1.科技志愿服务与新时代文明实践中心建设紧密结合

各地积极聚合科技人才资源，打造科技志愿服务品牌。科技志愿服务将科研人员、农技专家以及教师、公务员、学生等各领域的人才集聚起来，共同开展科普活动，服务中小学、企业和社区等各层次公众的需要，助力全民科学素质提升。

例如，2019 年 5 月 30 日，青岛市成立了包括科技引领城市建设志愿服务队、新旧动能转换志愿服务队、乡村振兴志愿服务队、海洋科技志愿服务队、创新驱动发展志愿服务队和科普惠民志愿服务队等 6 支科技志愿服务队。石家庄市科技志愿服务主要形式为组建"科普巡回宣讲服务团"，建立了市级专家志愿者团，统筹安排全年科普宣讲活动。中国公路学会的科技志愿服务队应用最先进的桥梁技术，帮助山西省吕梁市临县程家塔村建造一座"爱心桥"，解决当地村民的出行问题。这些志愿服务队在当地新时代文明实践中心的总体规划统筹下，将科技志愿服务与居民实际需求相结合，汇聚志愿服务平台的力量，实现了科技志愿服务的提质增效。

2. 扩大科技志愿服务队伍规模

新时代文明实践中心作为综合性服务平台，为科技志愿服务提供了有力支撑，有助于扩大科技志愿队伍。传统的科普工作集聚了高校、学会、科研院所等部门的人力资源，已经在面向公众的科普工作中发挥了重要的作用，新时代文明实践中心平台进一步提升了活动的覆盖面和效果。例如，中国科学院老科学家科普演讲团组建于 1997 年，团员为科技工作者，以中国科学院系统的专家为主，还包括各部委、院、校的退休和未退休专家、教授，共同为公众开展讲座，传播科学知识，演讲内容涵盖现代科学技术的主要领域，切实面向公众弘扬科学精神、传播科学知识、倡导科学方法。南阳师范学院 2006 年启动"科技支农"志愿服务项目，注册志愿者包括农学、园林、生物、地理等专业博士、教授 120 名，高素质的研究生和本科生志愿者5200 余名。通过实地调研、对口支援、技术培训、现场指导、精准帮扶等方法，聚焦支柱农业、特色农业、现代生态农业等方面，持续开展系列科技支农活动，为脱贫攻坚和美丽乡村建设提供强有力的技术支撑。2016 年 5 月，河北农业大学组建成立"李保国扶贫志愿服务队"，志愿队通过将先进技术带给农民，助力脱贫攻坚。这些优秀的科技志愿服务队在原有工作目标的基础上，将新时代新要求进一步深入贯彻下去，扩大了科技志愿者的队伍规模，在各自的服务领域展现了科技的重要力量。

3. 科技志愿服务紧密联系民生

新时代文明实践中心将理论宣讲、教育服务、文化服务、科技与科普、健身体育等服务资源整合起来，共同依据基层群众的切实需求提供服务。科技志愿服务队将医疗、农业、教育等领域与科技相关的人才和资源整合利用，建立健全志愿服务长效机制，将科技志愿服务变为常态化服务。例如，贵阳市观山湖区科学技术协会秉持"关爱健康，服务社会"的宗旨，结合新时代文明实践的目标和任务，通过开展广场健康义诊、疾病预防讲座以及医疗急救知识进乡村、进小区、进学校、进企业、进机关等活动，向群众普及医学常识。

在天津，多部门专家科技人员组成了防灾减灾志愿服务队。2019 年 5 月 30 日，天津市在和平区朝阳里社区启动"礼赞共和国、追梦新时代——科技志愿服务行动"主题活动，天津市科协组建了科技志愿服务总队，各区科协、部分高校、事业单位、市管企业等组建了百余支科技志愿服务队。天津市防灾减灾科技志愿服务队聚集了来自应急管理、气象、地震、海事等领域和各院校的专家、科技工作者，充分发挥各部门专业优势，搭建科普宣教平台，把综合防灾减灾科普知识送进学校、农村、社区、企事业单位，发挥向基层传递防灾减灾应对技能的"桥梁纽带"作用。

（三）新时代文明实践中心科技志愿服务的特点

科技志愿服务作为志愿服务的一部分，具备志愿服务的共同特征，包括自愿性、无偿性、公益性、服务性、组织性等，除此之外，依托新时代文明实践中心开展的科技志愿服务与其他类型的志愿服务相比，还具备其独有的特征。

第一，科技志愿服务更具专业性。

科技志愿服务作为新时代文明实践中心服务方式之一，与理论宣讲、文化教育、体育健身等其他服务相比，在满足群众需要方面更具专业性。科技志愿服务围绕与群众生产、生活息息相关的科技问题，在科技和群众之间架起了服务的桥梁。从科技志愿服务涉及的领域来看，基本渗透到人们全部生产、生活中，涵盖衣食住行各个方面。服务的内容、区域和方式都在不断扩展和创新，服务内容也更具专业性，涉及环保、教育、应急、卫生与心理健康等重点领域；服务区域从城镇中心人口密集区域不断向偏远农村人口稀疏地区扩展；服务方式从单一化向灵活多元化方向转变。通过招募志愿者、组建科技志愿服务队伍参与新时代文明实践中心建设工作，可以突破行政樊篱，协调动员和利用区域内所有科技资源，既可以提供专业的科技服务助力新时代文明实践中心建设，也极大地提升了地方政府的科技科普资源动员能力。

第二，科技志愿服务更具时效性。

志愿服务平台为服务的"供""需"双方提供了信息交流的渠道，依托科技科普服务平台，能够便捷地将专家资源迅速对接群众，及时满足群众需求。与其他服务相比，科技志愿服务直接与生产力紧密联系，与生产、生活的关系更为密切，服务成果能够直接促进经济社会发展。例如，农业领域的科技志愿服务，根据农业生产的需求，及时提供服务来保证服务对象的效益。2020年新冠肺炎疫情防控常态化时期，各地的志愿服务在稳定公众情绪、提供有针对性的科学知识方面作用显著。

第三，科技志愿服务更具精准性。

各地的科技志愿服务充分结合科技优势，及时对接群众需求，实现了服务项目的精准化。"首先"是精准了解群众的服务需求。依托新时代文明实践中心的服务管理平台，科技志愿服务根据"点单派单"的流程，可以了解群众的多样化需求，同时整合各类科技资源，满足群众差异化的科技志愿服务需求。其次，科技工作者的参与促进服务更聚焦群众需求。例如根据群众需求开展的扶贫、助老、卫生健康知识与疫情防控知识普及活动，都精准地将专业的科技资源送到群众身边，实现了志愿服务强信心、聚民心、暖人心的目标。再次，围绕农业技术、青少年科普开展的科技志愿服务活动，聚焦不同群体的需求，能够汇聚科技领域的资源和力量，推出精准有效、效果显著的服务。

三　科技志愿服务的机遇、挑战和未来发展

科技志愿服务作为志愿服务的一部分，是促进社会和谐、推动文明进步的重要力量，在科技跨越式进步、社会文明程度不断提高的今天，科技志愿服务也面临着诸多新的机遇与挑战。

（一）新时期科技志愿服务的机遇

1. 科技志愿服务促进科技与社会协调发展

20 世纪以来，科学技术实现了跨越式发展，彻底改变了人们的生活方式。科技与社会的关系也成为关注的热点，科技志愿服务成为促进社会和谐有序发展的重要手段。尤其是在我国创新型国家建设过程中，科技志愿服务可以动员社会力量，鼓励科技工作者积极参与，

促使科技创新成果更好地服务公众、服务经济发展，推动科技与社会实现协调发展。

2. 科技志愿服务推动社会治理现代化

十九届四中全会通过的《中共中央关于坚持和完善中国特色社会主义制度 推进国家治理体系和治理能力现代化若干重大问题的决定》，要求"完善党委领导、政府负责、民主协商、社会协同、公众参与、法治保障、科技支撑的社会治理体系"，凸显了科技在社会治理现代化中的重要地位。首先，信息化、大数据等新兴科技力量在社会治理中的作用日益明显，面向社区的科技志愿服务，能够快捷地面向公众普及相关知识，从而提升公众素质。其次，以环保、卫生健康、安全等为主题的科技志愿服务，与群众息息相关，能够吸引公众参与公共事务、开展邻里互动，推动建设人人有责、人人尽责的社区共同体。再次，志愿服务的组织方式，有利于基层社区快速形成高效便捷的治理网格，推动整个志愿服务体系建设。科技志愿服务负载了科技知识的流动，可在现有体系基础上打破知识单向传播的模式，从而构建一种双向互动的知识流动和服务新模式。

3. 良好的社会环境为科技志愿服务奠定了基础

随着志愿服务理念被广泛接受，公众参与的热情和规模也在不断上升，奠定了科技志愿服务的社会环境基础。[①] 首先，无论在国内还是国外，志愿服务的理念得到广泛接受，截至 2020 年 3 月 16 日，我国实名注册志愿者总数达 1.69 亿人，志愿团体 116.36 万个，累计志愿服务时长 22.68 亿小时。[②] 社会公众对志愿服务的接受是科技志愿

---

① 邓大胜等：《关于建立我国科技志愿服务体系的思考》，《中国科技论坛》2011年第 4 期，第 15 页。

② 杨团主编《中国慈善发展报告（2020）》，社会科学文献出版社，2020，第5 页。

服务可持续发展的重要基础，也为科技志愿服务以多种形式快速融入经济社会发展创造了条件。其次，我国科技事业的飞速发展，一方面为科技志愿服务提供了知识、技术和资源储备，另一方面也为科技志愿服务积累了大量人力资源，丰富的人力、物力资源，是能够开展更深层次、更专业化服务活动的保证，包括向特定的对象提供一些更有针对性的高技术专业领域志愿服务，实现了科技志愿服务形式的多元化。

（二）新时代科技志愿服务面临的挑战

1. 科技志愿服务资源需进一步整合

目前，我国科技志愿服务体系已经初具规模，逐步向完整、高效、可持续发展阶段迈进。然而相关科技志愿服务的统筹、协调和管理还处于初步探索阶段，距离成为一个单独的服务门类还有很长的距离。科技志愿服务的资源整合问题是其面临的首要问题。一是经费的整合，科技志愿服务的经费来源主要包括政府投入、企业社会组织捐助和个人募捐等。其中政府投入是当前最主要的资金来源，随着来自企业、社会组织和个人捐赠资金的增多，需要合理调配资金的使用，实现资金使用效率的最大化。二是科协等社会组织力量与个人自发力量的整合。各类基层组织大多动员学会、科研机构、高校等部门的科技人力资源，而个人自发力量作为志愿服务的重要部分，需要进一步实现与学术机构和政府力量的整合。三是不同领域志愿服务资源的整合。科技志愿服务已不仅仅局限在科技领域，还与文化、教育、宣传等各领域紧密联系在一起，但不同领域间资源管理渠道尚未完全打通，资源整合力度不足。

2. 科技志愿服务动力机制需进一步完善

科技志愿者作为服务的主力军，发挥着重要的作用。从动力机制来看，科技志愿服务既需要志愿服务意识，也要有完善的激励机制。

志愿者参与科技志愿服务是出于强烈的社会责任感、自身价值需求的满足，期望通过志愿服务发挥自己所长，实现价值，获取社会认可等。但这并不意味着科技志愿者不应该获得回报。国内外的相关经验都表明，仅依靠志愿意识和精神，很难保证志愿服务的长久性。因此，建立健全科技志愿服务的激励和保障机制，为志愿者提供相应的物质和精神激励，是保证志愿服务动力的重要机制。目前，科技志愿服务中还存在志愿者服务意识待提升、奖励方式单一和力度不够等问题。

3. 科技志愿服务体系需进一步制度化

科技志愿服务的运行应该遵循个人参与和制度化的管理相结合。依托新时代文明实践中心和科协组织的相关建设，科技志愿服务体系逐渐建立起来，并已经在各地各行业顺利运行。但是从长远来看，志愿者的个体参与是志愿服务的运行基础，同时科技志愿服务体系又需要制度作为支撑，只有基于面向个人、组织和活动的完善的科技志愿服务管理体系，才能将零散的各要素组织起来，避免科技志愿服务仅在短期呈现，无法长期发展的状况，从而实现其可持续发展。

4. 科技志愿者队伍需进一步专业化

科技志愿者具有多元化构成的特征，既包括科研机构、高校以及企业等相关领域的科技工作者，还包括科技志愿服务管理中心的工作人员，以及基层社区中的居民和村民。科技志愿服务，首先要满足群众的实际科技需求，向公众传播科技知识并教授科技技能，这都需要专业的科技人才才能完成。而科技志愿者也需要通过专业学习提高自身的素质和服务能力。同时，虽然目前的科技志愿服务已有大量科技人才加入，但还需要大量的人才补充，一方面包括专业的技术型人才，另一方面也需要工作服务型人才，从而共同确保工作的良性运行和健康发展。

（三）科技志愿服务的未来：科学与人文的融合

科学技术既是推动经济社会发展的重要物质力量，也是塑造文明的重要精神力量。人类的文明史可以说是一部科学技术发展史，世界各国的文明进步中处处可见科学技术的决定性影响。中国古代的科技成就璀璨辉煌，医药、天文、历法、农学等曾深刻影响世界，但与西方国家比，其科技成就的理论实践更关注实际应用，因而现代自然科学的形成、发展和普及要相对缓慢。近代以来，科学除了带来社会生产力的进步，也塑造了中国社会的思想文化。在洋务运动和新文化运动推动下，科学被引进中国，逐渐发展壮大，成为反对宗教迷信、愚昧落后的有力武器，在此过程中也逐渐与其他文化形态交叉融合。

从人类的文明发展史来看，科学与人文始终深深交织在一起，这种交织融合既促进了两者本身的共同繁荣，还有利于发挥其经济社会价值，促进社会进步，推动物质文明和精神文明的共同发展。新时代文明实践中心建设，汇聚科技、文化中的多元因素，通过志愿服务的形式，在全社会范围内宣传推广，而科技志愿服务正是将科学精神和人文理念深入落实下去的重要载体和途径。科技的发展离不开无数具有人文情怀的科学家的奉献，科技志愿服务同样离不开广大科技工作者作为志愿者的参与。"中国知识分子历来具有家国情怀，在近代以来内忧外患的重压和现代科学的推动下，这个传统又被中国科学家赋予了更加多样的形式和更加丰富的内容。一代又一代中国科学家传承不息、奋斗不止，坚持国家利益和人民利益至上，将发展现代科学技术与洗刷民族屈辱，实现国家富强和人民幸福的目标紧紧连在一起。"① 科学家们的奉献精神既带来了科技的进步，也在一定程度上

---

① 韩启德：《科技发展与人类文明》，《科技导报》2020 年第 1 期，第 1 页。

鼓舞了科技志愿服务的参与者。

在新时代，科技志愿服务团结了大量的科技工作者，使得科技为民的理念通过广大科技工作者得以传承下去。科技志愿服务与新时代文明实践中心的其他平台实现资源整合、理念互通、紧密合作，能够将弘扬优秀传统文化的人文目标与实现创新发展的科技目标有机结合起来，是实现科学与人文融合的有效途径。

第二部分 调查分析

第四章
全国新时代文明实践中心
科技志愿服务调查报告

何丹 潘锐焕 邵颖 何葳 张晓静*

一 调查目的、方法、对象及过程

（一）调查目的

2018 年 7 月，中央全面深化改革委员会第三次会议审议通过了

---

* 何丹，北京市科学技术研究院科技情报研究所研究员，研究方向为科技传播；潘
  锐焕，北京市科学技术研究院科技情报研究所助理研究员，研究方向为科技传
  播；邵颖，北京市科学技术研究院科技情报研究所助理研究员，研究方向为科技
  情报；何葳，北京市科学技术研究院科技情报研究所助理研究员，研究方向为科
  技情报；张晓静，北京市科学技术研究院科技情报研究所综合办公室主任/经济
  师，研究方向为人力资源管理。

《关于建设新时代文明实践中心试点工作的指导意见》（以下简称《指导意见》），首次提出建设新时代文明实践中心的工作任务。同年8月，习近平总书记在全国宣传思想工作会议上强调，要推进新时代文明实践中心建设，不断提升人民文明素养和全社会文明程度。[①] 2018年，新时代文明实践中心建设工作在全国首批50个试点县（市、区）进行，2019年，试点范围扩大到500个，标志着新时代文明实践中心建设进入大范围推广的阶段。

新时代文明实践中心建设，是新时代加强基层思想文化工作和农村精神文明建设的顶层设计，[②] 是党中央适应新时代新形势要求，针对我国精神文化领域出现的新情况、新问题做出的一项重大决策。作为集政治引领、思想引领、文化引领、实践引领等多种效能于一体的综合实践平台，[③] 新时代文明实践中心通过"调动各方力量，整合各种资源，创新方式方法，用中国特色社会主义文化、社会主义思想道德牢牢占领农村思想文化阵地"，[④] 推动习近平新时代中国特色社会主义思想深入人心，弥补基层公共服务的不足，打通宣传群众、教育群众、关心群众、服务群众的"最后一公里"。

《指导意见》指出，志愿服务是新时代文明实践的基本形式，新时代文明实践中心（所、站）的主体力量是志愿者，主要活动方式是志愿服务。而科技志愿服务和科技志愿者，又是新时代文明实践志愿服务体系的重要组成部分。

---

① 《习近平谈治国理政》（第3卷），外文出版社，2020，第313页。
② 宋昕松：《打造"小平台"发挥"大作用"基层新时代文明实践中心的建设与完善》，《人民论坛》2020年第36期，第73页。
③ 李康：《乡村振兴背景下新时代文明实践中心建设面临问题及对策研究——以W市为例》，硕士学位论文，河南大学，2020，第1页。
④ 《关于建设新时代文明实践中心试点工作的指导意见》，https：//baike. baidu. com/item/关于建设新时代文明实践中心试点工作的指导意见/22712121？fr = aladdin，最后访问日期：2021年8月3日。

科技志愿服务，指运用系统性的科学技术知识为推动社会进步而提供的志愿服务；提供科技志愿服务的工作人员则被称为科技志愿者。[①] 2019 年，中国科协、中央文明办联合发布了《关于开展新时代文明实践中心科技志愿服务试点工作的通知》，动员广大科技工作者在首批 50 个试点地区，广泛开展以科技惠民、科学普及等为主要内容的科技志愿服务，在文明生活、创新增效、增收致富等方面支持新时代文明实践中心建设工作。由此开始，科技志愿服务逐渐成为各地推进新时代文明实践中心建设的重要抓手和题中应有之义。

为了加强对全国新时代文明实践中心建设试点工作的理论研究和经验总结，本研究以新时代文明实践科技志愿服务为研究对象，以定量和定性相结合的方法，系统考察各试点地区科技志愿服务的平台搭建、队伍建设、项目落实、服务开展等工作情况，以及相关工作发挥的作用和效果。通过分析梳理各试点地区的经验和典型做法，找出目前工作存在的问题并给出建议，为进一步加强我国科技志愿服务、完善科技志愿服务体系，乃至助力新时代文明实践中心建设工作，提供可供参考的理论研究和经验总结。

（二）调查方法

本次调查采用实地调研和问卷调查相结合的调查方法，对 2018 年公布的全国首批 50 个新时代文明实践中心建设工作试点县（市、区）进行调查。

为了解各试点地区新时代文明实践中心建设及科技志愿服务开展的整体情况，课题组在参考前人研究和专家访谈的基础上，针对各试点地区新时代文明实践中心（所、站）的科协单位、科普志愿者和

[①] 邓大胜等：《关于建立我国科技志愿服务体系的思考》，《中国科技论坛》2011 年第 4 期，第 15 页。

接受服务的社会公众，设计并制作了三类问卷，通过问卷星进行发放，重点考察各地区相关工作开展情况、存在问题及群众需求。

为了获取更加详细的一手资料，2020年，课题组分别对北京、吉林、江苏、山东、宁夏等地进行了实地调研，通过观察、访谈等方法，深入了解当地新时代文明实践科技志愿服务的开展情况、实施效果，探讨基层科技志愿服务体制机制的完善路径，研究志愿服务融入新时代文明实践中心建设、推动基层社会治理的思路和对策。

（三）调查对象及过程

本次调查以全国首批50个国家级新时代文明实践中心建设试点县（市、区）为主要对象。

本研究采取问卷调查与实地调研相结合的方式。

课题组在50个新时代文明实践中心建设试点地区开展问卷调查，面向社会公众、各级科协组织、科普志愿服务者发放问卷。截至2021年3月，共收到问卷5750份，包括科普服务单位调查问卷734份、科技志愿者调查问卷1838份、社会公众调查问卷3178份，问卷全部有效。

课题组在50个试点地区中，选择实施效果突出、科技志愿服务队伍规模较大的省市进行实地调研，包括北京、吉林、江苏、山东4个省市的8个试点县（市、区），通过点面结合方式，进一步深入了解科技志愿服务的现状、效果和问题，为完善新时代文明实践科技志愿服务提出建议。

二　调查结果

（一）科技志愿服务机制与平台建设

机制与平台是科技志愿服务活动能够平稳、有序运行的基础。

《指导意见》明确提出，各试点地区的新时代文明实践中心建设，要以全县域为整体，以县、乡、村三级为单元，以志愿服务为基本形式，搭建新时代文明实践中心、站、所。通过整合基层公共服务阵地资源，打造理论宣讲、教育服务、文化服务、科技与科普服务、健身体育服务的五大平台。[①] 相关研究也指出："为了确保新时代文明实践活动的可持续性，各地从一开始就注重顶层设计，不断建立健全相关机制和制度。目前，普遍建立起新时代文明实践活动的组织机制和志愿服务机制。"[②]

课题组通过调研发现，各试点地区在政策要求的基础上，结合实际情况和工作需要，在组织构架、服务体系、平台建设等多方面进行了创新和探索，建立了不同种类的服务机制和服务平台。具体到科技志愿服务方面，可以总结为三大类：一是以科技职能部门为载体的志愿服务平台；二是以政务系统为载体的志愿服务体系；三是以事业单位为载体的科技志愿服务形式。

1. 以职能部门为载体的服务平台

以职能部门为载体的服务平台，指在新时代文明实践中心的指导下，由地方的文化、教育、卫生、科技等职能部门牵头合作，协调整合社会力量，搭建起提供理论宣讲、教育服务、文化服务、科技与科普服务、健身体育服务的 N 个子平台，形成"1 + N"的服务模式，开展各类志愿服务。

调查结果显示，各试点地区在平台的设置上表现出差异化的特征（见图 4 - 1）。整体来看，《指导意见》明确提出的五大平台的搭建

---

① 《关于建设新时代文明实践中心试点工作的指导意见》，https：//baike. baidu. com/item/关于建设新时代文明实践中心试点工作的指导意见/22712121？fr = aladdin，最后访问日期：2021 年 8 月 3 日。

② 章寿荣、程俊杰：《推动新时代文明实践中心标准化建设：理论本质与实现路径》，《现代经济探讨》2020 年第 3 期，第 44 页。

比例整体较高，除健身体育服务外的四大平台搭建比例都在 70% 以上，其中，科技与科普服务平台是目前覆盖面最广、最受重视、最具群众基础的平台，搭建比例达到了 78.24%。此外，部分试点地区结合工作需要，还延伸建立了一些具有地方特色的其他平台（覆盖比例 8.26%），如浙江省平阳县就在五大平台之外，增加了便民服务等其他子平台。

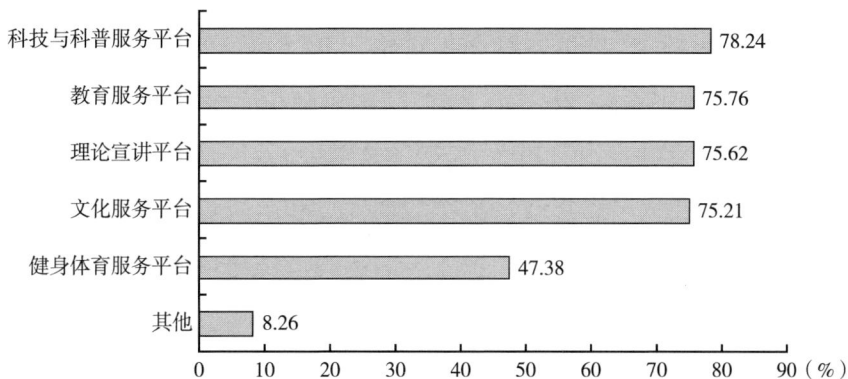

图 4-1　科技志愿服务体系搭建平台比例

在试点地区，科技与科普服务平台一般由当地科协、科技局等职能部门牵头搭建，并在部门提供的组织、人力、社会资源等方面的支持下进行发展。职能部门领导成立各级科技志愿服务队，负责科普志愿者的组织、培训、管理等工作，吸纳"三长"等科技人才，提高队伍质量。职能部门还会争取上级单位支持，协调社会力量参与，统筹可调度的阵地资源，结合整体部署和群众需要，有组织、有计划地开展科技志愿服务。以浙江省平阳县为例，当地县科协把新时代文明实践中心建设试点工作作为推进科学普及主载体，把科技兴农志愿者服务队建设作为推进科学普及主抓手，把"百场科普进农村文化礼堂"活动作为推进科学普及主阵地，在全县创建了一批新时代文明实践科普示范基地。在县科协的组织下，当地打通科技示范基地、农村科技创新室、科技信息站、益农信息社、科普中国乡村 e 站、科普大篷车、科普活动室、百姓书屋等，建立科技与科普服务平台。整合成立了新时代文明实践科技兴农志愿者服务队，广泛开展科技下乡，组织了"百场科普进农村"等活动。

在"1 + N"的服务模式下，科技志愿服务活动能够与其他各类志愿活动统筹谋划、整合推进，共同解决与基层群众工作、生活密切相关的问题，达到互为补充、彼此增益的效果。以北京延庆区为例，当地把新时代文明实践所、站建设成了"聚人气、提心气、淳风气、树正气的新时代乡村（社区）之家"，拓展强化"心灵加油站、乡村小课堂、惠民服务点、百姓大舞台、志愿爱心社、乡亲议事会"等六大功能，找准基层思想政治工作的切入点和落脚点，在解决群众具体问题中解决思想问题，推动全区文明实践活动从试验点向示范点稳步迈进。

2. 以政务系统为载体的服务体系

以政务系统为载体的志愿服务体系，指新时代文明实践中心建设试点工作中，在县、乡、村三级行政体系上，对应建立起新时代文明实践中心（所、站）的三级组织架构（见图 4 - 2），并由各级党委书记或主要负责同志担任领导。

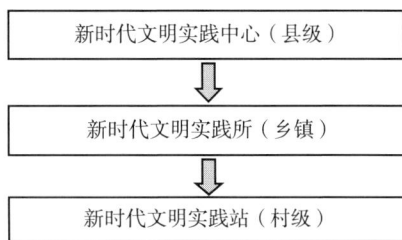

图 4 - 2　志愿服务的三级组织结构

《指导意见》规定了三级设置的职责分工。其中，县级新时代文明实践中心负责工作的统筹协调和组织实施，指导文明实践所、站开展工作，研究制定工作规划，组织开展文明实践活动。乡镇新时代文明实践所发挥承上启下作用，按照统一规划部署，结合实际抓好落实，推动文明实践站常态化开展活动。村级新时代文明实践站集合群众的实际需要，运用本地资源优势，以群众喜闻乐见的形式开展活动。

课题组在调研中发现，各试点地区三级组织结构的设立，明确了各层级在新时代文明实践工作中的职责和分工，为科技志愿活动建立了清晰明确的组织体系和保障体系，有助于各层级形成纵向合力，让科技志愿服务有组织、有计划、有层次地部署和执行。

以山东省桓台县进行志愿服务的三级组织结构为例（见图4-3），在县级层面，桓台成立了新时代文明实践中心，负责文明实践活动的统筹协调、工作指导和督查考核，指导镇（街、园、区）、部门、村（社区）开展工作，做好工作规划、教材编写、志愿队伍建设、人员培训、活动组织等工作。在镇（街、园、区）层面，成立了新时代文明实践分中心，做好向上对接、向下传导的工作，负责对辖区文明实践活动和村级文明实践站的规划建设、统筹指导、人员培训等。在村（社区）层面，整合村文化大院、综合文化活动中心、村史馆、文化广场、公开栏等现有农村基层阵地，因地制宜打造规范的新时代文明实践站（所），开展各具特色的文明实践活动。整个体系层次清晰、职责明确，展现出了高度的组织力和执行力。

课题组还发现，部分试点地区在三级组织体系的基础上，积极进行体制机制创新，进一步细化了志愿服务的组织体系、延伸了新时代文明实践的"神经末梢"。

以江苏省丹阳市为例，当地将"中心、所、站"三级体系延伸成为"市新时代文明实践中心、镇（区、街道）新时代文明实践所、村（社区）新时代文明实践站、自然村新时代文明实践岗"的"四级纵轴"，形成了从上到下、严丝合缝的组织架构，全区1.2万余名

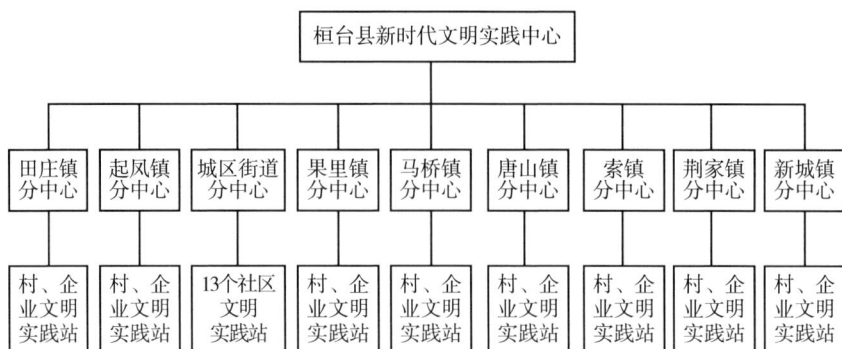

图 4 - 3　山东省桓台县三级组织体系

志愿者立足文明实践岗，在开展新时代文明实践、抗击新冠肺炎疫情等活动中发挥了突出作用。江苏省阜宁县，在县级成立了新时代文明实践中心，20 个镇区（街道、社区）成立新时代文明实践所，341个村居（社区）成立新时代文明实践站，68 个中心小学、村居卫生室和有条件的农民集中居住区设立了新时代文明实践点，以"点"为单位开展常态化志愿服务活动，打通了宣传、教育、服务群众"最后一公里"。

3. 以事业单位为载体的服务形式

以事业单位为载体的服务形式，指将新时代文明实践活动与机构改革相结合，通过成立事业单位性质的新时代文明实践中心，强化新时代文明实践活动的组织基础，为科技志愿服务的开展提供支持。

在这方面进行探索的先行者是吉林省珲春市。珲春市以事业单位改革为契机，率先在全省设立了新时代文明实践中心，设置了正科级事业单位，配备专职人员开展文明实践工作。此外，还成立了市新时代文明实践中心筹备办公室，抽调 9 名人员组建农村、民生、政务、法规 4 个推进组（见图 4 -4），全力推进科技志愿服务各项工作。

在新时代文明实践中心的统筹组织下，珲春市的新时代文明实践工作创造了许多新方法、新模式。当地创建的"5 +6"服务平台模

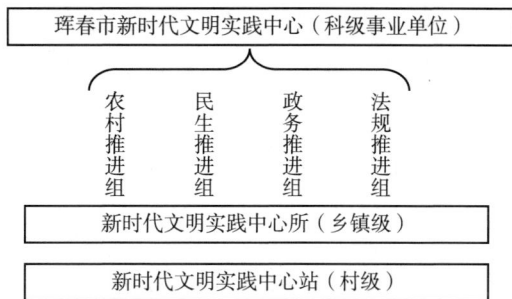

图4－4　珲春市新时代文明实践中心体系架构

式，在5大平台的基础上，拓展加入了反邪反渗、民族团结、边境平安、健康关爱、邻里和谐、美丽乡村等6个服务平台，提高了志愿服务活动的功能性、针对性和靶向性。通过文艺演出、健康义诊、卫生整治、公益帮扶、技术指导、流动宣讲等方式，开展种类丰富的特色文明志愿服务活动，打造"多彩珲春"志愿服务品牌。

此外，当地还充分利用热线电话、微信公众号、科技志愿服务平台等，多渠道了解群众需求，让科技志愿服务实现了"问题有人提、事情有人管、好坏有人评"。

（二）科技志愿服务队伍建设

1. 数量、来源与组成

志愿者是新时代文明实践中心（所、站）的主体力量，"在推进新时代文明实践中心的建设中发挥着不可替代的引领作用，对保证志愿服务质量、准确传达思想内容、发展经济惠通群众具有促进作用"。[①] 新时代文明实践工作的重要特点之一，就是将志愿服务作为基本方式，通过促进基层群众互助、基层社会自我管理、自我服务来

---

① 马钰娜：《志愿者在建设新时代文明实践中的价值》，《现代交际》2021年第2期，第235页。

提升活动的时效性、持久性。因此，做好志愿者队伍的建设，强化招募、管理、培训等工作，对深化新时代文明实践活动、提高志愿服务质量有根本性的作用。

与传统志愿服务相比，科技志愿服务的门槛更高、专业性更强，对科技志愿者的要求也更为严格。一般来说，科技志愿者主要为掌握了系统科技知识的专业科技工作者和经过培训掌握了特定技能的志愿人员。由于专业科技工作者的人数较少，主要作为科技志愿队伍的骨干和精英力量，而经过特定专业知识和技能培训的普通志愿者，则是科技志愿服务队伍的主力。

根据科技志愿服务平台公布的数据，截至 2021 年 7 月，我国在科技志愿服务平台实名注册的科技志愿者超 137 万人，注册的科技志愿服务组织超 3 万个，在其他平台注册的科技志愿服务工作者超 430 万人。

调研发现，这些已注册的、具备了一定专业技能和服务经验的志愿组织与志愿者，是新时代文明实践科技志愿者的主要来源。此外，各地机关企事业单位的在职人员，以及"三长"、科技专家、乡土科技人才等非政府人士，同样是组建科技志愿服务队的重要力量。

以山东省胶州市为例，当地在整合本市原有科技志愿服务队的基础上，组建了胶州市文明实践中心科技志愿服务队。在市级层面成立农技推广、科普宣讲等 13 个直属志愿服务队，在各镇、街道分别成立农业、工业、教育、医疗 4 支科普分队，发挥全市 25 家农技协、企业（高校）科协技术优势，成立志愿服务分队，构建起"1 支总队、87 支分队、865 个村庄（社区）科普联络员"的网格化志愿服务组织体系。目前共有志愿者 8423 名，主要开展科普宣传、科技咨询、科技培训、科技下乡等多种形式的新时代文明实践科技志愿活动。

2. 主要组织形式

《指导意见》提出，县级新时代文明实践中心要组织和引导志愿者组建新时代文明实践志愿服务总队，由县（市、区）党政主要负责同志担任总队长，在有条件的情况下，乡镇、行政村也可组建新时代文明实践志愿服务队伍。

依据这种思路，试点地区在政府机构的主导下，由主要负责领导带头，组建了"总队—分队—特色服务队伍"的科技志愿服务三级志愿队伍体系（见图4-5），在志愿服务体系内建立起培训孵化、嘉许激励、购买服务等系统化机制，并根据实际需要进行调整。如浙江省平阳县的"3+1"志愿服务体系，"3"指在县级层面成立新时代文明实践志愿服务总队，由县委书记担任总队长；在全县100多个部门单位、乡镇组建新时代文明实践志愿服务大队，由部门、乡镇主要负责同志担任大队长；在有条件的村（居）组建新时代文明实践志愿服务分队或特色服务队，由村（居）书记担任队长。"1"指成立新时代文明实践志愿者监督团，对全县122个志愿服务大队的志愿服务工作进行监督和指导。整个体系覆盖了与志愿活动相关的项目设计、活动开展、人员管理、监督指导等各个方面，形成了一套基本完整的组织架构。

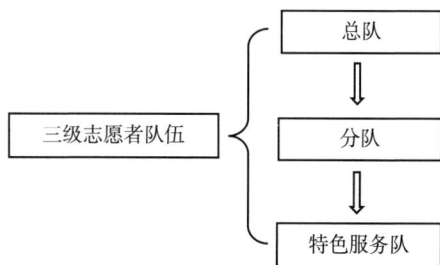

图4-5　科技志愿服务三级志愿队伍

在试点地区，科技志愿服务队伍多呈现出"小而精"的特点。"小"指单支志愿服务队伍的规模小，调查结果显示（见图4-6），

50 人及以下规模的小型志愿服务队占到总数的 58.60%，200 人及以下规模的志愿服务队占到总数的 84.11%。以江苏省丹阳市为例，全市组建了 1 支新时代文明实践志愿服务总队和 498 支志愿服务分队，上万名志愿者参与了活动。虽然志愿服务分队的平均人数不多，但能够以群众需求为着眼点，组织起大范围、多种类的志愿服务，从原来的"各自为战"转向"合力共建"。

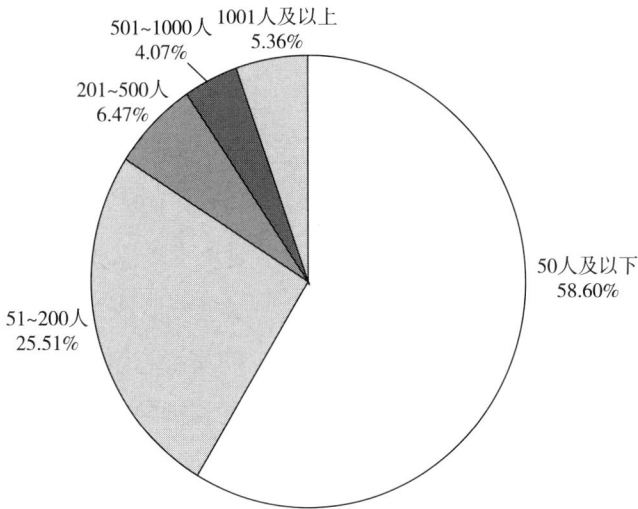

图 4-6 科技服务队伍的整体规模

"精"指各级科技志愿服务队伍特别注重吸收各类专家人才，如法律从业者、科技人才、医务工作者、文化艺术人才、民间文艺骨干、非物质文化遗产传承人、农村致富能手，做好传文化、传技能、传知识等工作。以北京市延庆区为例，当地通过整合志愿队伍，形成了"队伍＋服务品牌"的创新志愿者服务模式。采用"2＋6＋N"形式，组建"延庆乡亲"志愿服务队，其中"2"指宣传文化组织员队、文明实践志愿指导员队两支骨干队伍；"6"是指理论政策宣讲、教育服务等 6 支志愿队，基于群众需求定向下沉；"N"是组建乡风文明、长城保护等 N 支功能多样的志愿服务队，对现有的三级志愿力量进行整合引导、培训提升，充实壮大文明实践工作力量。目前，全区共有基层志愿服务队 433 个，志愿者 1.6 万余人，开展志愿服务 8721 次，打响了"延庆乡亲"的志愿服务品牌。

总体而言，以三级志愿队伍为代表的组织结构，是科技志愿服务整合资源、开展活动的基础，是新时代文明实践的重要抓手。各试点地区通过强化志愿服务队伍建设，逐渐组建起了一支政治过硬、素质优良、结构合理、专兼结合的科技服务志愿者队伍，也为新时代文明实践活动培养了一支聚合各类人才、有能力、有热情、靠得住、敢担当的主力军。

3. 科技志愿服务的创新机制——科协"三长"工作

"三长"指医院院长、学校校长、农技站站长（中心主任）。"三长"工作，指吸纳"三长"人员进入各级科协领导机构兼职、挂职，一方面提升"三长"人员的荣誉感，调动工作积极性，为他们搭建施展才能、成长成才的平台，另一方面扩大基层科协组织和工作覆盖面，延伸科协的活动领域，提升科协的影响力和实际工作能力，为科协工作提供更坚实的抓手。

对于科技志愿服务的组织和开展，"三长"人员是非常宝贵的人才资源。作为最基层的科技工作者，"三长"们更加熟悉基层工作环境，了解群众需求，具备丰富的基层工作经验和专业化的科技知识。通过以"长"带"队"，可以充实科技志愿队伍，提升服务的专业性和实用性，有利于推进科技志愿服务精准下沉，增强志愿服务队伍在基层的影响力。以重庆为例，通过"三长"工作改革，建立镇街科协 963 个，镇街科协覆盖率达 93.5%；2260 名"三长"进入区县、镇街科协领导班子，其中，区县增配"三长"挂兼职副主席 71 名，镇街增配"三长"挂兼职副主席 2055 名。"三长"充分发挥"头羊"作用，联系和带动了一大批医生、教师和农技人员参与科技志愿服务工作，大大扩充了科技志愿服务力量。

浙江省分别在地级市、县、乡、村四级地方开展试点，发挥浙江科协能人活跃的创新意识，结合各地实际探索出了各具特色的"三长"工作推进模式，打通了基层科协组织的"末梢盲点"。通过吸纳"三长"进入科技志愿服务队伍，提升了基层科技工作者对科技志愿服务的了解程度。在"三长"的带头作用下，各领域科技工作者参加科技志愿服务的热情明显提高，经常性地深入社区、农村，开展科普宣教、技术培训等活动，让科技志愿服务队伍变得更有活力，成为地方经济社会发展的创新动力之源、活力激发之器、科技服务之星。

综上所述，"三长"工作的推进，可以有效吸纳各领域基层一线科技工作者加入科技志愿服务队伍，提升志愿服务的知识化、专业化水平，增加对基层群众需求的深入了解，引导科技创新资源、科普资源向基层集聚，能在很大程度上解决基层志愿服务队伍里的人员短缺、经验不足、专业化程度低等问题，为科技志愿服务乃至其他领域的志愿服务机制体制完善提供帮助。

（三）科技志愿服务活动情况

1. 以线上平台为主的志愿服务活动

互联网技术的发展，为科技志愿服务活动开辟了线上空间。目前，多数试点地区都已经搭建起了线上科技志愿服务平台，为群众提供了"点餐派单式"的服务方式：群众通过网络提交服务需求，订单交由志愿服务组织和志愿者，根据需求精准开展志愿服务活动，活动完成后还可以在线进行评价。

这种"群众点单—志愿者接单—群众评单"的服务模式，提高了志愿服务的及时性、靶向性，为基层群众与志愿组织之间架设了方便、快捷的沟通桥梁。调查结果显示，40.27%的受访群众对"点餐派单式"的服务方式表示"非常满意"，31.65%的受访者表示"满意"，总体满意率达71.92%（见图4-7），反映出这种服务方式得到了绝大多数群众的认可。

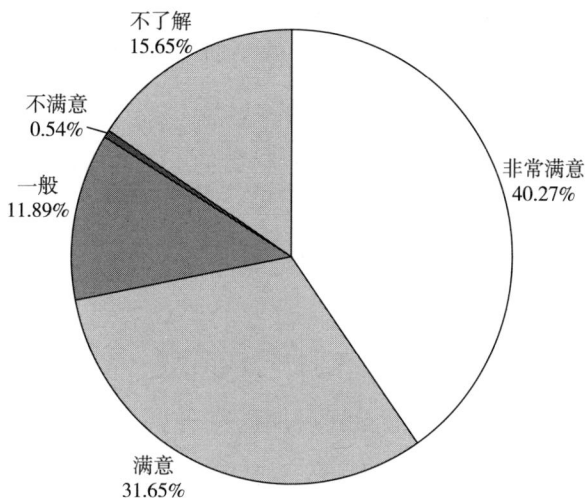

图4-7　对科技志愿"点餐派单式"服务满意程度调查结果

借助网络平台，群众按需点单、职能部门按需派单的模式，实现了科技志愿服务的供求精准对接，提高了志愿服务项目的针对性、靶向性，也促进了服务流程的规范化和标准化。

以湖南辰溪县为例，为了确保文明实践内容有载体、有依托，当地积极推行"四单"志愿服务模式。一是"中心制单"，按照党政所急、百姓所想、社会所需、志愿者所能的要求，建立志愿项目总库，对外发布菜单；二是"群众点单"，通过"志愿辰溪"线上服务平台，群众根据菜单进行点单，还可以提出临时菜单；三是"志愿接单"，根据群众点单情况，由相关志愿服务队伍接单后分别送"菜"上门；四是"政府埋单"，按照以奖代补、购买服务等方式，政府对条件成熟的志愿服务项目参照"一事一议"的办法，实施购买服务。通过"四单"模式，当地的志愿服务运行更加透明、规范，服务效率显著提升，目前，当地已设计了包含3大主题活动25个项目的

"志愿活动菜单"，各级志愿服务队接单893项次，政府累计为各类志愿服务项目埋单800余万元。

2. 以流动展馆为载体的志愿服务活动

在线下，科技志愿服务队盘活各类阵地资源，以各种流动科技馆、科普大篷车、科普活动室为载体，打破了空间的隔阂，深入乡村社区、田间地头，"面对面"地开展科普宣传、科技咨询、科学体验等科技志愿服务。

与其他活动相比，以流动展馆为载体的志愿服务活动，具有流动性好、宣传形式丰富等优势，具有深厚的群众基础，在科技志愿活动体系中发挥着不可替代的重要作用。但值得关注的是，此类活动对阵地要求较高，多数情况下需要试点地区充分调度各类资源予以配合。调查发现，江苏省在建设、盘活阵地资源，用以支持开展线下科技志愿活动方面成果较为显著。

调查结果显示，江苏省各试点地区建立的"科普活动室（站）"（87.80%）、"科普教育（示范）基地"（82.93%）和"科普中国e站"（63.41%）所占比例相对较高，而"区域内科技馆"和"科普大篷车巡展"基本持平，分别为51.22%和53.66%（见图4－8），各类科普基础设施建设均衡发展，为新时代文明实践科技志愿服务的展开提供完善的设施保障。

3. 以"大手牵小手，科普伴我行"为主题的志愿活动

"大手牵小手，科普伴我行"主题志愿活动由科协组织发起，旨在通过亲子互动的方式，开展形式多样、丰富多彩的科普益民活动，以家庭、亲子为切入点，达到科技宣传、普及和教育的目的。

随着新时代文明实践中心建设工作的展开，"大手牵小手，科普伴我行"主题活动，成为科技志愿服务的重要品牌活动之一。与其他活动相比，这类活动针对性明确、目标群体庞大，而且贴近生活、贴近群众、操作容易、参与性强，能在寓教于乐中传播科学知识，扩

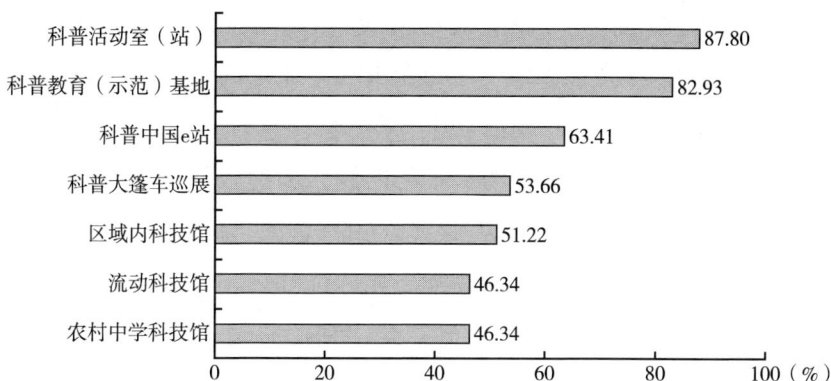

图 4-8　科技科普服务打通盘活资源分布

大科技志愿服务的影响范围，进一步传播科技志愿服务理念。

调查发现，全国多数试点地区都开展过此类主题活动。以江苏省为例，当地积极依托地级市的志愿服务资源，在丹阳市、海安市、溧阳市、宜兴市等多个地级市开展了以"大手牵小手，科普伴我行"为主题的科技志愿活动。截至目前，已累计开展科技志愿活动百余次，服务对象千余人次，服务时长数万小时。

4. 以创新科普活动载体为目的的志愿服务活动

在长期的科技服务实践中，一些公众积极性高、参与性强、影响力大的科普活动形式逐渐规模化、常态化、标准化，最终发展成为具有知名度的科普工作品牌，成为科普志愿活动的新型载体，如"科普宣传周""全国科普日""文化科技卫生三下乡"等。

调查发现，创新型科技志愿服务活动的形成，一方面由于服务项目本身符合群众需求，具备趣味性、实用性、创新性等优势，另一方面也离不开牵头单位、志愿组织及工作人员为长期开展活动进行的努力，"三长"就是其中的典型代表。

"三长"作为最贴近基层第一线的科技工作者，是传播科学技术、普及科学知识、推动农业农村发展的重要力量，既拥有专业知识，又了解群众需求，掌握了与基层群众的沟通技巧，在工作理念、工作方法、工作手段上具有一定的先进性。在全国科普日、防灾减灾日、食品安全宣传周等专题活动中，"三长"往往是创新科普活动的主力军，拓展志愿服务活动的形式与内涵，增加服务的知识性、趣味性、实用性，调动了基层群众参与活动的积极性与创造性，提高活动的影响力，可以有效推进活动的常态化、标准化。

以重庆为例，截至2020年底，全市精心打造100个社区科普大学教学点，带动全市社区科普大学转型升级，为"三长"进社区开辟了通道。其中，渝中区科协邀请"三长"从各自单位中遴选或亲自担任社区科普大学教师，已吸纳优秀人才36名，常年开设绿化栽培、健康厨房、科技与生活等10多门课程。九龙坡区科协还积极推动"科普进小区"，组织"三长"所在单位的人才到小区开展职业技能培训、坐诊、科技教育等服务，逐渐形成了品牌化、常态化的服务项目。

5. 以专家、学会为主体的志愿服务活动

除了前文提到的"三长"，各级学会、协会、基金会等社会组织也是开展科技志愿服务需要的宝贵智力资源和人才资源。以专家、学会为主体的科技志愿服务是志愿活动的重要形式，一般具有实用性强、专题性强、专业性强、系统性强等特点。

以江苏省阜宁县为例，当地科协、学会和专家共同联合，将科技志愿服务与脱贫攻坚相结合，多次开展阜宁县"科技惠农·助力脱贫"活动。针对如何利用春、冬两季的休耕期，做到既给农户增加收入，又要保证土地地力不下降的问题，由盐城市科协牵头，组织了农作物种植、耕地规划等方面的专家，实地开展科技咨询服务，帮助农民朋友解决实际问题，受到了热烈欢迎。

又比如北京市科协、北京市科委与北京市团委充分利用首都人才汇聚的资源优势，积极支持和指导2000余家科技类学会、协会和青少年科技类社会组织开展科技志愿服务，其中较为突出的北京科普志愿工作团、科学松鼠会、北京巡天会、北京绿荫环境保护协会等社会团体，在防震救灾、食品安全、科普创作、天文气象、生态环保等诸多领域都形成了独具特色的科普志愿服务品牌，进一步推动了科技志愿服务活动在各个领域的创新与发展。

（四）科技志愿服务效能

1. 推进基层党组织建设创新与发展

新时代文明实践中心建设工作，是"以习近平为核心的党中央从战略和全局出发作出的重大决策部署，是守正创新、夯实基础党建工作的战略举措"。① 从落实党建引领的角度出发，基层党组织必须要把握新时代文明实践工作的新要求、新任务、新举措，肩负起"举旗帜、聚民心、育新人、兴文化、展形象"的重要使命，充分发挥好基层党组织的组织能力、宣传能力和动员能力，引导群众做好新时代文明实践中心建设工作。而从加强基层党建的角度看，新时代文明实践中心建设作为党中央做出的重大决策部署，也是锻炼基层党组织队伍、树立基层党建品牌、加强与群众联系的重要契机和重大考验。

调查发现，各地在推进新时代精神文明实践工作的过程中，都主动与基层党组织建设紧密联系起来，统筹开展科技志愿服务活动和基层党建工作。

通过开展科技志愿服务，基层党组织进一步抓牢了思想阵地，推动了党的思想理论、方针、政策在群众中传播。以内蒙古自治区为例，当地在新时代文明实践中心建设中，将学习宣传贯彻习近平新时

---

① 周剑：《新时代文明实践背景下基层党建创新工作研究》，《农村 农业 农民》（B版）2020年第12期，第29页。

代中国特色社会主义思想作为首要任务，引导全区各试点旗县组织志愿者从农牧民生活、生产情况和实际需要出发，通过搭建平台、组织专业志愿服务队，积极开展各类志愿服务活动和宣讲活动，推动党的思想和理论直达基层。

通过开展科技志愿服务，广大基层党员接受了身心锻炼，提高了组织力、执行力，起到了先锋模范作用。以内蒙古兴安盟科尔沁右翼中旗为例，当地统筹旗县内党校、党员活动室等实体阵地和"学习强国"网上阵地，开展宣讲活动共 2035 场次。各级党员志愿者们组织起了新时代讲习团、草原学习轻骑兵等理论宣讲服务队，依托"学习讲堂"和"双书记"周例会，面向广大干部群众常态化开展习近平新时代中国特色社会主义思想和党的十九大精神以及其他各项与农牧民生产生活密切相关的政策宣传。

通过开展科技志愿服务，基层党组织做实、做细了群众工作，精准服务群众，密切了与群众的关系，树立起了基层党建品牌。以内蒙古鄂尔多斯市乌审旗为例，当地突出传承"牧区大寨"精神，推动新时代文明实践与"绿色乌审"有机融合，开设"绿色乌审学习讲堂"，广泛开展习近平新时代生态文明建设理论的宣讲活动，积极引导人民扎实投入新时代生态文明建设实践活动，同时组织志愿者围绕绿色生产、绿色发展、绿色生活、绿色消费，深入各地开展生态文明志愿服务宣传教育，推动在社会形成节约资源、保护环境的良好风气。

可以看到，通过将科技志愿服务与基层党建工作有机结合起来，既可以为基层党组织创造为人民办实事、做服务的渠道，也可以提高基层党建水平，培养和发展新生力量，激发群众参与基层党建工作的积极性、主动性与创造性，达到一举两得的效果。

2. 提升新时代社会治理能力与水平

党的十九届五中全会对加强和创新社会治理提出了新要求，进一步强化了志愿服务在社会发展与社会建设中的重要作用，明确提出要"健全志愿服务体系""广泛开展志愿服务关爱行动"，畅通志愿者参与社会治理渠道。① 而新时代文明实践科普志愿服务活动的开展，正是一种加强和创新社会治理的重要手段，也从多个方面推进了社会治理的能力与水平的提升。

从服务内容上看，科技志愿服务从满足人民群众的实际需求出发，积极提供与生产、生活密切相关的知识、技能与服务，符合"以人为本、服务为先"的社会治理理念。科技志愿服务组织及志愿者作为社会治理体系中的主要主体之一，通过不断提升志愿服务的专业化、个性化、升级化程度，推进志愿服务供给侧结构性改革，回应了在教育科普、医疗卫生、环境保护、社区建设等领域的社会服务需求，有效弥补了政府公共服务和企业商业服务的不足。通过提升社会的服务供给能力和质量，进一步提升了社会治理能力。

从服务形式上看，科技志愿服务组织及志愿者能够有效协调政府、企业、社会组织的各类资源，将各方优势资源有机结合起来。在推进"三长"工作、建立各级志愿服务队的过程中，不断提升志愿队伍自身的组织化、专业化和法制化程度，完善社会志愿服务体系。随着志愿服务体系越来越成熟，在动态递送多元社会服务过程中，社会治理结构得到了进一步优化，社会治理的能力与水平也随之提升。

3. 加强新时代精神文明建设

新时代文明实践中心建设既是社会主义精神文明建设工作的延续和发展，也是加强新时代精神文明建设的手段。调研发现，新时代科技志愿服务活动的开展，有效地提升了基层社会的精神文明建设水平。

---

① 《激发志愿服务的社会治理潜力》，https：//baijiahao.baidu.com/s？id=1686283917348385107 &wfr=spider&for=pc，最后访问日期：2021 年 8 月 3 日。

新时代文明实践科技志愿活动能够提供更精准、更优质的精神文化服务，满足人民群众的新期待。随着我国社会主义进入了新时代，人民对美好生活的需要也更加丰富、更加广泛。长期以来，基层群众尤其是农村群众能够享受的精神文化服务存在着种类单一、内容枯燥、供给不足等问题。各地在开展新时代文明实践的过程中，注重主动了解群众需求，不断开展个性化、定制化、升级化、专业化、便捷化的服务项目，能够更精准、更有效地满足群众在生产、生活等各方面的新需求、新期待，提升群众的幸福感和获得感，推动精神文明建设。

新时代文明实践科技志愿服务更加注重参与性、互动性，能够提供更具有吸引力的精神文化服务。与传统的说教式、宣讲式文化产品不同，各地的科技志愿服务非常注重采用内容有趣、互动性强、参与性强的形式开展活动，通过亲子活动、评优评先、积分奖励等机制，吸引鼓励群众参与志愿活动，提高群众的参与感、荣誉感，增强积极性和主动性，在精神文明建设上产生更明显的效果。

4. 促进公民科学素质提高

传播科学知识、提高科学素养，是科技志愿服务的出发点和主要目标之一，也是各地区开展科技志愿活动的重要内容。

随着新时代文明实践科技志愿服务的不断发展，科技志愿服务队伍的人才规模、活动范围、服务类型不断扩大和丰富，服务质量的专业化程度不断提高，服务内容的实用性、互动性、趣味性不断增强，科普志愿活动能够影响的居民规模也在不断扩大，科普活动的效果显著提升，对我国公民科学文化素质的提升起到了明显的促进作用。

以重庆市为例，当地每年都举办"重庆市公民科学素质大赛"，通过市、区县、乡镇街道层层选拔。参赛队伍既要包括"三长"等专业人员，也必须要包括普通居民。通过以赛促学、以学促查，在丰富居民精神文化生活的同时，也起到了提高科学素养、传播科学知识的作用。

三　存在问题

如前文所述，各试点地区的新时代文明实践建设扎实推进，科技志愿服务工作有序开展。通过实践，各地在机制运行、队伍建设、资源统筹、活动组织等方面取得了宝贵经验，在基层党建、社会治理、精神文明建设和提高公民科学素质等方面取得了突出成效。但调研也发现，受到多方面因素影响，目前的新时代文明实践科技志愿服务工作，在许多方面还存在着不同程度的问题，主要有以下几个问题。

（一）科技志愿服务工作机制问题

1. 协调机制

调研发现，各试点地区虽然已经初步搭建起了新时代文明实践活动的组织架构、工作机制、平台载体等，但在运行中还存在纵向沟通不畅通、横向协调不到位等问题。

纵向上，部分地区县级试点与上级主管单位的沟通渠道不顺畅，信息沟通不及时。按照"3＋1"工作思路，在县、乡、村设置新时代文明实践中心、所、站三级架构，相关活动主要由县一级统筹开展。由于层级差距较大、中间流程需要层层汇报，部分试点地区与中国科协、省科协等上级主管单位之间没有建立起快捷、高效的沟通渠道，导致上下级间信息沟通不够顺畅。上级主管单位对试点地区的工作进展、平台数据等掌握不充分、了解不及时，试点地区向上级主管单位反馈问题也很难在第一时间得到回应，直接影响到工作的推进。

横向上，部分试点地区各部门之间的协调配合不到位，资源和管理未能完全打通。新时代文明实践中心往往包括五个乃至更多的服务平台，要由当地的文化、教育、科技、宣传等多个职能部门共同参与，整合资源，共同开展活动。而在实践中，部分地区的职能部门之间配合不到位，甚至出现各自为战的情况，导致资源较少的地区部分活动难以开展。以北京延庆区为例，该地区没有建设科普场馆、教育基地等场地，也没有学会、高校可提供人才资源，科协可协调的资源较少，对跨部门合作的依赖度高。遇到其他单位资源难以协调时，科普志愿服务的开展就可能受到影响。

2. 运行机制

部分地区阵地资源少，利用效率低，统筹调度存在瓶颈。新时代文明活动实践的开展，需要依靠整合盘活现有资源，积极搭建活动阵地。但部分地区的阵地资源数量少、分布分散、种类单一，利用率不高，难以形成优势互补。以江苏省流动科技馆或科普大篷车巡展的覆盖情况为例，调查结果显示，34.15% 的试点地区流动科技馆、科普大篷车巡展的覆盖率还未超过 50%（见图 4-9），科技志愿服务未发挥功能的阵地比例较高。

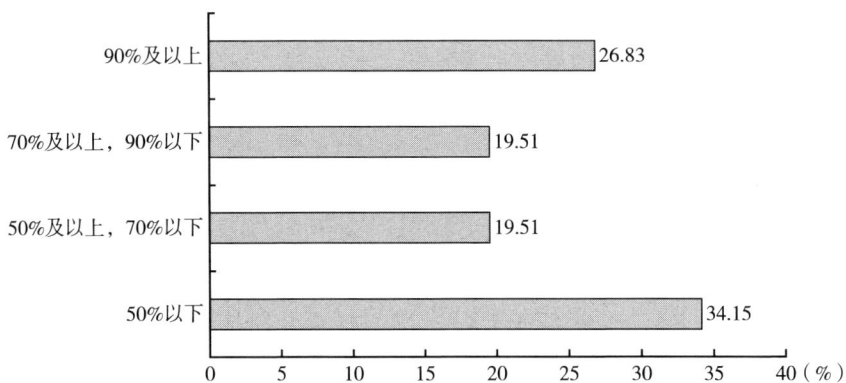

图 4-9 江苏试点地区流动科技馆、科普大篷车巡展覆盖率

地理区位、行政隶属等方面的限制，也为部分地区的资源统筹调度增加了难度。以太仓试点县为例，太仓隶属于苏州市，但在地理位置上离上海更近。如果能从上海调配资源开展科普志愿服务，不仅更加方便快捷，而且能调度的科普资源比苏州更为丰富。但目前缺乏跨区域调度资源的成熟机制，协调成本较高。

各地区"一把手"负责制落实情况有差异，影响工作推进力度。新时代文明实践工作是"一把手"工程，采用"一把手"负责制，能提升工作起点、强化落实力度、加强组织保障。但在调研中发现，由于"一把手"领导往往身兼数职，精力有限，对该项工作的重视程度也存在差异。多数地区领导重视相关工作，加大推动力度，积极协调资源，有利于工作落实，少数地区领导投入精力较少，下级部门的工作积极性就可能受到影响。

缺乏统一的数据管理标准，各试点地区工作的标准化程度不足。新时代文明实践活动的数据统计和管理工作，目前由各地区的新时代文明实践中心负责，多由各试点县文明办实际操作。由于还没有出台全国统一的数据管理标准，各试点地区对平台板块、活动内容的划分存在差异，数据统计工作处于各行其是的状态。由此上报汇总的数据，可能存在漏报、错报、重复报送等问题，未能实际反映出全国五大平台活动的实际工作状况，对了解工作的宏观情况制造了阻碍。

3. 保障机制

科技志愿服务经费压力大，保障途径单一，缺少专项资金支持。调研发现，经费不足是各地区开展科技志愿服务遇到的普遍问题。各地各级科技志愿单位获取经费的主要途径是政府财政拨款，单位自筹、社会捐赠等其他途径的作用是非常有限的。目前，科协牵头的科普志愿服务缺乏专项资金支持，申请财政资金手续复杂、周期较长，且批复额度难以保障。以吉林省为例，2019 年度，科协向财政部申请财政资金支持，经过层层申报审批，最终获批的只有申请额的一半。上级主管单位获批的业务活动经费不充足，协调和分配难度大，资金压力传递到基层组织单位，增加了活动开展的难度。

对组织管理重视不够，缺乏规范化的组织流程。实践中发现，部分地区在开展科技志愿服务的过程中，对活动组织与管理的重视程度不够，后续复盘少、经验总结少，没有建立起规范化的活动组织流程。在一定程度上浪费了宝贵的实践经验，不利于志愿服务的效率提升、流程优化和经验推广。

志愿服务平台管理存在技术问题。调查发现，中国科技志愿服务管理系统与各地方志愿服务管理平台之间缺乏数据衔接与共享；在中国科技志愿服务管理系统的使用中，经常出现信息不一致、登录不上、检索麻烦、系统崩溃等一系列问题，尤其是前期的公众号，包括志愿者和组织的注册、活动的发布、活动的报名十分麻烦，影响了科技志愿者的积极性。

（二）科技志愿服务队伍建设问题

1. 志愿服务队的组织结构

志愿服务队伍专业化程度不高，专业人才志愿者比例较低。由于服务内容的特殊性，科技志愿服务对志愿者的专业化程度要求较高。一般来说，科技志愿服务队伍主要由专业的科技工作者和经过专门培训的普通志愿者构成。调查发现，虽然各科技志愿服务队都十分注重吸纳专业人员，但部分地区由于人才资源不足、"三长"工作不到位等，志愿者中的专业人才比例较低。以北京延庆区为例，该地区缺乏学会、高校，各单位的专业人才被多支志愿服务队伍分流，人才资源统筹难度大，"三长"工作难以落实。因此，该区没有专门的科技志愿队，组织的专业服务队中，72.11%的成员主要是村民、村委和在职的科技人员。

2. 志愿服务队的规模

志愿服务队伍规模小，稳定性不足。调查显示，近六成的科技志愿服务队为50人以下规模，不利于为大型活动提供人员保障。此外，志愿者的主要来源是机关干部、国有企事业在职员工，大量在职员工的参与，有力保障了新时代文明实践的志愿者数量，提高了志愿服务的组织化程度和执行力。但也要看到，相当一部分在职员工是通过单位集体组织参与服务，单位的安排会直接影响到这部分志愿者的规模人数和参与时间。长远来看，依靠机关企事业单位长期、大批量地派遣人员进行志愿服务不够现实，也不能保障志愿者参与活动的稳定性、连续性和专业性，影响到志愿队伍服务质量和专业化程度的稳步提升。

3. 人员激励及保障

目前，各地区还没有针对志愿者建立起系统、明确的奖励机制，现有激励手段仍是以精神奖励为主，缺乏多元化的激励措施，对志愿者的权益保障较为欠缺，不利于保持志愿服务队伍的积极性。

（三）科技志愿服务活动开展问题

1. 活动组织引导机构分布

科技志愿服务组织引导机构以行政力量为主，社会组织主导比例较低。现代治理理论认为，政府并不是社会治理的唯一主体，除了政府以外，公民个人、非政府组织、志愿组织、第三部门等应当成为社会治理的主体。政府要更好地治理社会，就需要更多地吸引社会组织和公众参与。[1] 党的十九届四中全会也明确提出，"必须加强和创新社会治理，完善党委领导、政府负责、民主协商、社会协同、公众参与、法治保障、科技支撑的社会治理体系，建设人人有责、人人尽责、人人享有的社会治理共同体"。从这个角度出发，科技志愿服务具有和遵循现代志愿服务体系的普遍特点和发展趋势，是把社会组织运作与政府的支持引导结合起来，打造良性的互动与合作关系。

---

[1]　董晓绒、彭志荣：《浅谈青年志愿服务基层社会治理的优势、困境与出路——以广西大学生志愿服务西部计划为例》，《太原城市职业技术学院学报》2021年第4期，第15页。

但调查显示，目前，科技志愿服务项目的组织引导机构中，[①]"政府部门"（75.81%）、"党工委、团组织"（66.94%）等占比较高，而"学会、协会等行业社会团体"和"民间组织"为42.74%和32.26%，相对较低（见图4-10）。科技志愿服务的组织引导以行政机构为主，学会、协会、民间组织等社会力量作用有待加强。

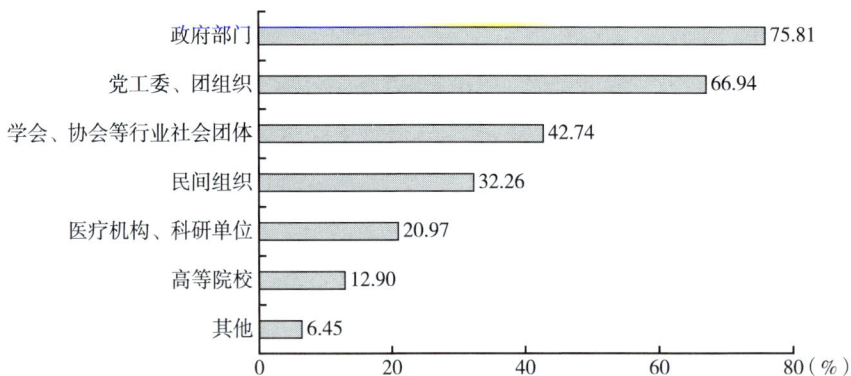

图4-10　主要组织引导机构分布情况

2. 活动品牌打造

具有影响力的重点项目品牌较少，存在"多而不精"现象。中国科协、中央文明办《关于开展新时代文明实践中心科技志愿服务试点工作的通知》提出，要在全国范围内持续统筹开展新时代科技志愿服务品牌活动"智惠行动"，打造特色鲜明、群众受益、被广泛认可的服务品牌。调查发现，各文明实践试点县（市、区）在开展科技志愿服务的过程中，能够做到品牌引领，采用多种形式打造重点项目品牌。如宜兴将"杜鹃花开"打造为当地新时代文明实践

① 2017年9月6日，国务院公布《志愿服务条例》，对志愿服务组织系统明确规定，国家鼓励和支持国家机关、企事业单位、人民团体、社会组织等成立志愿服务队伍开展专业志愿服务，鼓励和支持具备专业知识、技能的志愿者提供专业志愿服务。

的统一标识，成为叫响全国的品牌；山东用一朵蒲公英作为品牌标识，象征在齐鲁大地播撒文明的"种子"。但调查也发现，虽然各地都在积极推进"品牌化"，但整体上有影响力的品牌较少，"多而不精"现象突出。

3. 活动内容与方式

部分地区科技志愿服务对群众需求考虑不足，未摆脱路径依赖，供给侧质量有待提升。伴随着新时代社会发展，人民群众对科技服务的需求日趋多样化、个性化、升级化，对科技志愿服务的供给侧质量提出了新要求。调研发现，部分试点地区没有根据群众需求及时调整科技志愿服务内容与形式，沿用、套用既往经验，开展的服务活动形式不丰富、内容不恰当、组织不到位，没有达到科技惠民的效果，如某地区面向农民开展赠送科普书籍资料活动，但赠送的读物专业性过强且与当地农民生产生活需求不匹配，农民反映读不懂、不实用，影响了活动效果。

（四）科技志愿服务实施效果问题

1. 活动宣传及标识度

部分地区科技志愿服务宣传力度不够、标识度不足，群众对活动的认知程度有限。作为面向基层群众的志愿服务活动，科技志愿服务的发展必须走好群众路线，通过依靠群众、发动群众，才能更好地服务群众。目前，部分地区群众对新时代文明实践科技志愿服务了解程度并不理想。以江苏省的调查结果为例，试点地区群众对科技志愿服务"非常了解""比较了解"的比例为56.67%，还有7.50%的群众明确表示对志愿服务活动不了解（见图4-11），群众的认知程度还有相当的提升空间。

走访调研中也发现，有些地区志愿服务活动开展得好，影响人数也很多，但因宣传工作的欠缺，尤其是没有做好"科技志愿服务"

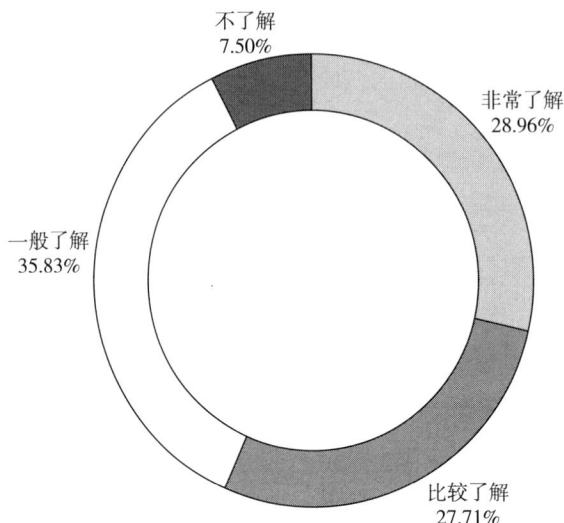

图 4 - 11　江苏省新时代文明实践科技志愿服务公众了解情况

的品牌宣传和标识打造，群众的认识程度也很难提高。课题组在山东某社区文明实践站调研采访时，发现现场活动气氛热烈，社区居民积极参与，对活动的满意度很高。但居民对活动的性质认知程度较低，许多人只知道参加的是卫生健康活动，并不了解"新时代文明实践活动"。

2. 公众对科技志愿服务的参与程度

部分科技志愿服务活动缺乏互动性和吸引力，群众参与程度较低。与认知程度类似，调查结果显示，公众对科技志愿服务的参与程度也有一定的提升空间，以江苏省的调查结果为例，试点地区有超过1/5（23.96%）的受访群众表示"未参加过"科技志愿服务活动（见图 4 - 12）。

参与程度与志愿服务的形式密切相关。调研发现，从目前实践所、站开展活动的形式和数量上看，"帮、乐、庆"的展示性活动较多，"讲、评"的可参与性活动较少，为群众提供的参与和互

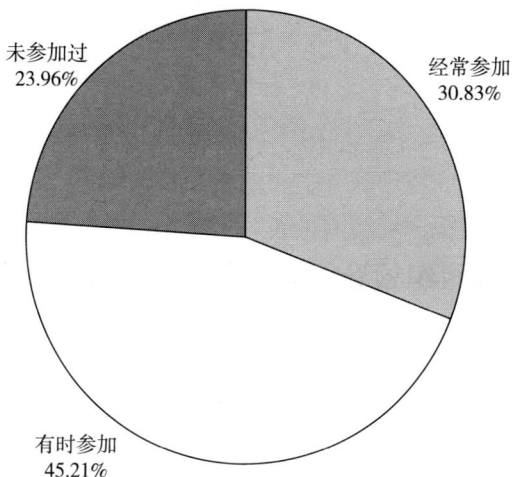

图 4 - 12　江苏省新时代文明实践科技志愿服务活动公众参加情况

动的渠道不足。以吉林省公主岭市为例，科普志愿活动采用赠送科普书籍等方式开展时，农民表现出的积极性较低，效果没有达到预期。

3. 助力文明实践产生效果

各地区新时代文明实践工作进度不平衡，活动效果存在差距。新时代文明实践工作是百年大计、长期工程，目前正处于第一阶段体系建设时期。从调研结果来看，各试点地区都能够积极响应号召，积极推动新时代文明实践中心建设试点工作，努力落实政策要求。但由于区域经济发展等因素的差异，不同试点地区的政策落实情况和效果存在一定差距。在江苏省泗洪县，虽然各个乡镇都建设了新时代文明实践所，但因为经费短缺、人员不足等问题，政策落地难，组织活动少，文明实践所使用率低，个别乡镇的新时代文明实践所建设完成了两个月，仅仅使用了三次，造成了阵地资源的浪费。

四　对策建议

针对新时代文明实践科技志愿服务开展中存在的问题，提出以下建议。

（一）加强组织领导、优化内部组织结构

1. 健全科技志愿服务工作体系

加强高位推动、统筹协调，落实好"党中央部署、省级负总责、市级抓推进、县级抓落实"的工作机制，建立健全国家、省、市级指导单位与试点地方的联系制度，畅通纵向沟通渠道，简化汇报审批流程，保证及时研究解决问题。

贯彻落实好"一把手"责任制，把新时代文明实践中心建设试点工作纳入县（市、区）党政领导班子和领导干部实绩考核的同时，试点县（市、区）也应将相关工作纳入各单位、各乡镇的干部考核中。在县级层面，建立健全各部门的沟通协调、资源统筹机制，推动各单位形成合力，共同开展活动。

积极构建科技志愿者队伍体系，建立健全县、乡、村三级志愿者队伍工作体系，形成党政领导、民政负责、部门协同、社会参与的工作格局。通过加大政策资金投入，完善奖励机制，创造良好的软硬件条件，积极引导企业、社会组织参与志愿服务，探索"县、乡、村＋企业"的四级科技志愿服务体系。

2. 继续吸纳"三长"人员加入

地方科协要将提高志愿队伍专业化程度放在重要位置，加大对志愿者队伍的培训力度。加强与学会、高校、科研院所、科技企业等单位的沟通合作，积极吸纳科技工作者等专业人才，特别是"三长"人员，充实志愿服务队伍。

大力推进落实"三长"工作，通过新时代文明实践中心与科普站、所结合，成立乡镇科协组织，通过换届吸纳"三长"人才进入科协。在力所能及的范围内，为"三长"提供职业发展、学习提升、生活保障等方面的奖励激励政策，增加吸引力。

3. 增加志愿服务队数量、扩大队伍规模

党政机关、国有企事业单位继续发挥模范带头作用，鼓励在职员工参与科技志愿服务。各单位要与新时代文明实践中心、地方科协等建立好统筹协调机制，在人员管理、培训、活动安排等方面进行充分沟通，借助在职人员充实志愿服务队伍的同时，做好人员的统筹和管理，最大程度帮助提高志愿服务效果。

考虑到科技志愿服务的特殊性，加大力度吸纳"三长"等专业科技人才。发挥好专业技术人才作为志愿服务队伍的精英和骨干作用，更多地借助专业人才加强活动内容设计、志愿者队伍培训等，加强普通志愿者的培训，使其掌握特定的专业知识和技能，成为合格的科技志愿者。

不断改善志愿服务和志愿者的管理工作。借助中国科协科技志愿服务平台，做好志愿服务项目发布、志愿服务记录评价、志愿服务活动宣传等工作。建立经常性招募与应急性招募相结合、社会化招募和组织化招募并举的招募机制，规范志愿者招募组织资质、招募信息发布、招募工作流程，完善奖励机制，吸引各阶层、各职业、各年龄段人员自觉自愿加入志愿服务。扶持发展一批富有特色、治理规范、服务优良、作用明显的志愿服务组织。

（二）强化资源保障

1. 科普阵地建设、科普资源整合有待加强

不断完善政策保障。中国科协等上级主管部门，要结合科技志愿服务运行中出现的问题，补充、完善指导意见，对数据管理等工作规

范明确标准。在资金等方面积极提供支持，针对科普资源开放、科普阵地建设出台资金补贴等方面的优惠政策，提高全社会参与科技志愿服务的积极性。

加强资源整合、阵地建设。各试点县（市、区）新时代文明实践中心要充分发挥统筹协调作用，把整合资源作为工作的重点，会同区域内各职能部门、各乡镇、村及新时代文明实践站、所，做好各类阵地资源、文化资源、人才资源等的梳理、挖掘，努力实现统一调配、差异化设置。偏远地区要加强科普新阵地的建设。充分挖掘需求，打造一大批特色实践阵地，带动更多乡镇、更多群众参与到文明实践活动之中。

提供技术支持，强化数据引领。利用"科普中国"平台，与第三方机构合作，实时、动态、客观、直观地反映志愿服务活动及志愿者的数据信息；各级科协应加强科技志愿服务平台管理，发挥纲要工作机制优势，共建共享，组织有关部门的科技志愿者、科技志愿服务队积极进行"科技志愿服务信息平台"注册，做好志愿服务数据上传与反馈。

2. 吸引其他社会组织加入

引导多元主体参与志愿服务，积极争取社会资源。在积极用好已有经费、资源之外，相关部门要利用好全民科学素质纲要实施的工作机制，要通过出台优惠政策、加强协调联络、开展组织动员等方式，广泛动员社会力量积极参与志愿服务，引导社会团体、企业提供场馆、设备等阵地资源，鼓励企业、社会和个人捐助，吸纳社会人员加入志愿队伍。

充分发挥社会力量优势，不断丰富志愿服务内容。利用好社会力量提供的各类智力资源，强化科普志愿服务的宣传、培训等。借助企业、社会团体创新能力强的特点，引导社会力量参与志愿服务活动，向社会组织征集优秀的志愿服务产品，推动志愿服务内容和形式不断创新。

3. 完善激励与保障机制

加大新时代文明实践科技志愿服务工作考核力度。各级科协可以把科技志愿服务列入每年学会工作考核事项，适当提高分值。各试点地区要将新时代文明实践中心建设试点工作纳入各级领导班子和领导干部实绩考核，纳入意识形态工作责任制落实情况监督检查，纳入各地文明创建工作考核内容。通过严格落实考核评价，提高相关单位对科技志愿服务的重视程度和加大工作投入力度。

探索以精神鼓励为主，多种奖励手段并行的志愿服务奖励机制。坚持以精神鼓励为主，通过不断创新宣传方式，增强精神激励带给志愿者的成就感和荣誉感。推行志愿者星级认证制度，建立、完善以志愿服务时长为基础、服务评价为补充的志愿服务评价体系，引入市场机制，探索政策创新，尝试对优秀志愿者在落户、子女教育、职称评审等方面进行奖励倾斜。探索设立志愿服务"时间银行"、积分超市等，落实星级评定、优先公共服务等礼遇措施，尽可能提升激励效果，促进科技志愿服务可持续地运营发展。

4. 建立监督管理机制

建立跨部门合作的志愿服务组织监督管理机制。加强志愿服务组织日常监管，建立志愿者登记管理机关、志愿服务的业务主管单位、所涉及的行业管理部门、行业组织和社会公众等多元主体共同参与，行政监管、行业自律和社会监督有机结合的监督管理机制。

建立健全志愿服务组织第三方评估督导机制。对志愿服务组织进行等级评估和督导评价，将评估情况作为政府购买社会服务、社会各界资助以及落实相关优惠政策的重要依据。加强负责人管理、资金监管、执法监察和信息公开。

完善志愿服务组织内部治理机制。各级科协组织应指导已登记的志愿服务组织依据章程建立健全独立自主、权责明确、运转协调、制衡有效的内部治理结构。重点完善组织决策、执行、监督制度和内部议事规则，建立健全人、财、物管理制度和内部信息披露制度。

建立完善的志愿服务活动组织机制。建议科技志愿服务单位从规范化的活动组织入手，细化科技志愿服务活动定位，建立规范化、制度化的活动流程，针对具体的活动组织，从内容征集、备案、活动指导监督、成果确认等各个活动环节进行管理制度建立，刚性约束参与机构和参与人员讲规矩、讲规范、讲公益、讲服务，全力为社会公众提供高品质、高质量、高水平的科技志愿服务。

（三）创新科技志愿服务活动内容

1. 线上线下开展活动

根据时代特点和群众精神文化需求的变化，不断改进科技志愿服务的内容、形式。各地区在开展志愿服务活动的过程中，要紧紧围绕提高公民科学素质这一核心目的，深入了解群众对科技服务的需求，做好主题性、共需性、差异性、特殊性四大类文明实践志愿服务。要加强与群众的沟通交流，做好复盘总结，根据反馈不断创新科普志愿服务形式。综合运用线上线下相结合的方式，组织开展科普宣传、咨询服务、技术指导、成果对接、心理咨询、应急避险、健康义诊、线上互动等形式多样的服务活动。

2. 扩大基层活动范围

拓展新时代文明实践工作的服务范围，提高科普志愿服务的针对性，精准聚焦人民群众身边的"关键小事"。从全社会对科技服务的需要出发，针对青少年、中青年、老年人等不同人群，开展青少年帮扶、职业技术培训、政策知识宣讲、法律法规宣传、老年人关爱等有针对性、专业性的志愿服务，进一步推动科普服务的精细分类、精准推送。充分发挥新时代文明实践中心、所、站等阵地深入基层、贴近群众的优势，瞄准群众的急事、难事、烦心事，通过打造文化科技卫生"三下乡"等高质量志愿服务项目，提供精准化服务，解决群众困扰，把问题解决在萌芽状态，把矛盾化解在基层。

3. 保障活动所需的内容、资料

强化资源统筹，加大科普资源的开发和配置力度。统筹利用好财政拨付资金、自筹资金和社会捐赠，加大科普资源的开发力度，优先做好科普大篷车、电子科普画廊大屏、农村远程教育系统、村组大喇叭、实用易懂科普资料等设备和资料的配置与供给。部分地区要立足工作实际，探索跨区域的科技资源调派机制，提升资源配置效率和效果。

加快志愿服务平台建设。鼓励各地简化登记程序、降低登记门槛、放宽登记条件，加快成立各类行业性、专业性志愿服务组织，建构覆盖面广、服务能力强的社会志愿服务网络体系。实施志愿服务组织孵化工程，鼓励支持各地建立志愿服务组织孵化基地，与社会志愿组织加强协调合作。

（四）提升科技志愿服务实际效果

1. 加强宣传引导

丰富宣传形式，吸引群众参与。围绕科技志愿服务打造统一品牌，设计 Logo，提高活动标识度。综合运用线上线下相结合的宣传方式，在线下，深入基层开展活动，通过贴标语、拉横幅、送服务、发放宣传品等方式，提高群众对活动的了解程度；在线上，充分利用群众喜闻乐见的微信、QQ、抖音、快手、"科普 e 站"等平台，制作、传播与志愿服务相关的音视频作品，开展有奖竞答等活动，吸引群众参与转发、评论，提升宣传效果。

坚持典型引领，营造良好舆论氛围。加强与各类媒体合作，坚持正面宣传为主，运用多种手段反映各地区科技志愿服务的新进展、新做法、新成效。做好选树工作，对工作中涌现的典型模式、典型案例、典型人物进行宣传和表彰，发挥激励、引导作用，大力营造全社会关心、支持、参与科技志愿服务的良好氛围。

2. 深入发动群众

做好问需于民，推动"点单"服务精准化、个性化。各试点地区要将新时代文明实践工作与地方政府其他工作有机结合起来，从多个角度、多个方面了解基层生活实际，收集群众需求，及时升级服务内容，如泰安市岱岳区面对青壮年常年在外务工的客观情况，可以抓住节假日返乡的时间窗口，提供科学技术、法律援助、创业就业等精准服务。

各地还应抓住深入基层开展服务的契机，深化与群众的联系。通过增加活动的参与性、互动性、趣味性，吸引群众主动了解、主动参与志愿服务，为活动的开展打好群众基础，扩大潜在队伍。

3. 助推基层社会治理

新时代文明实践工作是百年大计、长期工程，目前正处于体系建设时期，各个部门、各级组织要做好充分思想准备，循序渐进地推进工作，避免急于求成。接下来要在群众参与、志愿者调动等方面持续发力。相关单位要对文明实践活动提出真实有效的评价指标，衡量工作实效；防止只看数据排名，不重实际效果，切实助力新时代文明实践。

志愿服务体现公民的社会责任意识，是人们自觉为他人和社会服务、共同建设美好生活的生动实践，是现代社会文明进步的重要标志，是新时代推进精神文明建设的有效途径。各单位要发挥好牵头协调作用，完善工作机制，做好统筹规划，加强督促指导，使志愿服务成为精神文明建设的有效载体和重要抓手，进一步推动新时代文明实践活动深入开展，不断推进文明创建工程。

第五章
科技志愿服务区域发展分析

孙 莹 何 丹 严 俊 谭玉莹 刘翔宇 杨思思*

通过对全国50个新时代文明实践中心试点县（市、区）的调研走访发现，各地区在新时代文明实践中心建设中都能做到积极响应国家政策方针，深入贯彻习近平新时代中国特色社会主义思想，全力投入新时代文明实践中心的建设工作中，取得了阶段性成效。试点县（市、区）做到了"五有五新"，即有阵地，平台新；有队伍，结构新；有项目，活动新；有制度，机制新；有组织领导，抓法新。在试点过程中，大多数县（市、区）都采取"一中心，多所站，建阵地，强组织（党建带群建）"的方式。在完整的平台和机制下，各地区积极壮大志愿者队伍和加快科技人才的引入，采用"农村＋城市""集中＋分散""线上＋线下""固定＋流动"的志愿服务形式，开展了形式多样的文明实践活动。

为了进一步考察新时代文明实践中心建设以及科技志愿服务在各试点地区的具体开展情况，本章将基于走访调研获得的资料，从区域经济发展水平、地理区域两个角度入手，对全国50个试点的新时代文

---

* 孙莹，北京科技大学经济管理学院教授，研究方向为国际贸易；何丹，北京市科学技术研究院科技情报研究所研究员，研究方向为科技传播；严俊，民主与科学杂志社高级经济师，研究方向为科技传播、科学普及；谭玉莹，北京科技大学经济管理学院MBA学生，研究方向为工商管理；刘翔宇，北京科技大学经济管理学院硕士研究生，研究方向为国际贸易；杨思思，北京科技大学文法学院硕士研究生，研究方向为社会学。

明实践中心的科技志愿服务开展情况进行分析和比较，探究经济、地理等因素对相关工作产生的差异化影响，为其他地区提供经验与借鉴。

一　不同经济水平地区的新时代文明
实践中心建设情况

本次调研的 50 个试点地区，涉及全国 12 个省市。为了更加科学、准确地认识各试点地区所在省市的经济发展水平，课题组首先采用聚类分析法，选择能够合理反映社会经济发展情况的 11 个指标，[①]利用 2017 年的相关统计数据，对全国 31 个省、自治区、直辖市（不包括港澳台地区）的经济发展状况进行了聚类分析。

数据处理结果显示（见图 5 - 1），全国 31 个省、自治区、直辖市（不包括港澳台地区），按照经济发展状况共可划分为 4 类。

第一类是北京、上海，其发展水平最高。

第二类是天津、辽宁、福建、山东、江苏、浙江、广东、河北、山西、贵州、云南、陕西、甘肃、吉林、黑龙江、江西、湖北、重庆、安徽、河南、四川、广西、湖南、海南，其经济发展弱于第一类，水平较高。

---

① 本研究通过变量聚类法对我国各省份的居民可支配收入情况进行聚类。通过选择合理的反映幸福指数的变量，用主成分分析法进行排名，并用聚类分析法将幸福指数划分为生活质量与幸福、社会环境与幸福和自然环境与幸福三部分，合理地透视我国经济发展的区域性差异。在具体指标的选取上，课题组在以往研究的基础上，充分考虑了指标的全面性、准确性、合理性，以及数据的可得性，最终选取了比较具有代表性的 11 个指标来进行聚类分析，即人均生产总值（X1）、居民消费水平（X2）、人均可支配收入（X3）、政府教育支出（X4）、政府社会保障和就业支出（X5）、政府医疗卫生和计划生育支出（X6）、人均电力消费量（X7）、人均网上零售额（X8）、老年人口抚养比（X9）、人均废水中主要污染物排放量（X10）、人均空气中烟（粉）尘排放量（X11）。

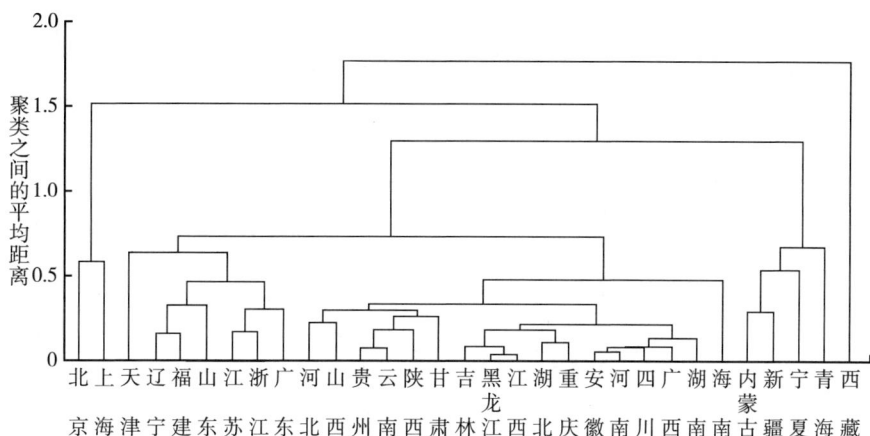

图 5-1 各省份经济发展状况聚类结果

第三类是内蒙古、新疆、宁夏、青海，其经济发展水平较为一般。

第四类是西藏，其经济发展水平较低。

与聚类结果对比发现，新时代文明实践中心第一批 50 个试点县（市、区）大部分都属于经济发展水平较高的省份。

仅仅从省份经济发展水平入手，难以对各试点地区进行有效划分。为了进一步区分各试点地区的经济发展水平差异，课题组根据各试点地区 2018 年人均 GDP 数据，将 50 个试点县（市、区）划分为三个类别，结果如表 5-1 所示。

表 5-1 2018 年全国 50 个试点县（市、区）的人均 GDP 划分

单位：元

省份	地区	人均 GDP	类别特征
山东	龙口市	146000	第一类，人均 GDP 高于 100000 元的地区
山东	荣成市	145200	
江苏	宜兴市	136473	
江苏	丹阳市	126736	

省份	地区	人均 GDP	类别特征
陕西	凤县	124447	第一类,人均 GDP 高于 100000 元的地区
江苏	溧阳市	122626	
浙江	慈溪市	115648	
江苏	海安市	114798	
浙江	海宁市	112462	
山东	胶州市	104000	
浙江	诸暨市	103668	
福建	上杭县	94520	第二类,人均 GDP 为 50000 ~ 100000 元的地区
浙江	长兴县	91958	
浙江	桐庐县	91373	
山东	桓台县	90500	
浙江	安吉县	83382	
安徽	当涂县	81911	
福建	福安市	81400	
江苏	徐州市	76915	
贵州	清镇市	68186	
江苏	盱眙县	67236	
陕西	延川县	66566	
安徽	天长市	64637	
山东	肥城市	64200	
贵州	龙里县	62636	
广东	博罗县	60714	
山东	寿光市	60200	
江苏	阜宁县	58271	
浙江	平阳县	57898	
吉林	延吉市	57754	
山东	曲阜市	54200	
海南	海口美兰	51793	
山东	平度市	51300	

续表

省份	地区	人均GDP	类别特征
安徽	巢湖市	48157	
广东	乳源瑶族自治县	48100	
贵州	赤水市	47533	
吉林	靖宇县	47271	
吉林	通化县	45931	
吉林	农安县	44261	
北京	延庆区	43649	
山东	五莲县	41200	
吉林	珲春市	40987	第三类,人均GDP低于50000元的地区
吉林	公主岭市	38884	
海南	海口琼山	33440	
吉林	通榆县	29092	
吉林	敦化市	27046	
湖南	辰溪县	25076	
湖南	凤凰县	23852	
陕西	富平县	22025	
陕西	志丹县	10196	

　　第一类,人均GDP在10万元以上的县(市、区),一共有11个,经济水平最高。第二类,人均GDP在5万元以上10万元以下的县(市、区),有22个,经济水平较高。第三类,人均GDP在5万元以下的县(市、区),一共有17个,经济水平相对较低。

　　根据文献检索和实地调研收集的资料,对三个类型的试点地区进行对比发现,经济发展水平不同的各试点地区,虽然整体上都能做到积极推进新时代文明实践中心建设试点工作,有序开展科技志愿服务活动,但在工作开展的规模、效果、工作机制的建立等方面依然存在较为明显的差异,主要体现在以下几方面。

（一）不同试点地区间志愿服务差异明显

调研发现，各地区志愿活动开展情况不同，经济发达地区的志愿服务队伍规模更大、志愿者人数更多、服务时长也更长。

课题组从三类地区中各选择了 3 个具有代表性的试点县（市）（见表 5-2），对各地的注册志愿者人数、服务时长等方面进行对比。对比发现，经济水平较发达的第一类和第二类地区，在这两方面显著高于第三类地区。

表 5-2　三类经济水平地区的志愿者人数及志愿服务时长

经济水平	县市名称	注册志愿者人数（人）	志愿服务时长（万小时）
一类	江苏省宜兴市	36.45 万	852.10
一类	江苏省丹阳市	13.00 万	180.00
一类	山东省龙口市	13.00 万	—
二类	浙江省平阳县	29.41 万	118.81
二类	贵州龙里县	2.89 万	—
二类	吉林省延吉市	7.96 万	23.45
三类	湖南省辰溪县	4.20 万	18.98
三类	陕西省富平县	1.52 万	—
三类	吉林省农安县	1.28 万	—

注：部分时长数据缺失。

课题组还以省份为单位进行了对比，以经济发展水平较高的江苏省、相对较低的内蒙古自治区为例。调查结果显示（见图 5-2），江苏省的科技志愿服务队中，200 人以上规模的队伍占比明显高于内蒙古的，志愿服务队伍的规模更大。

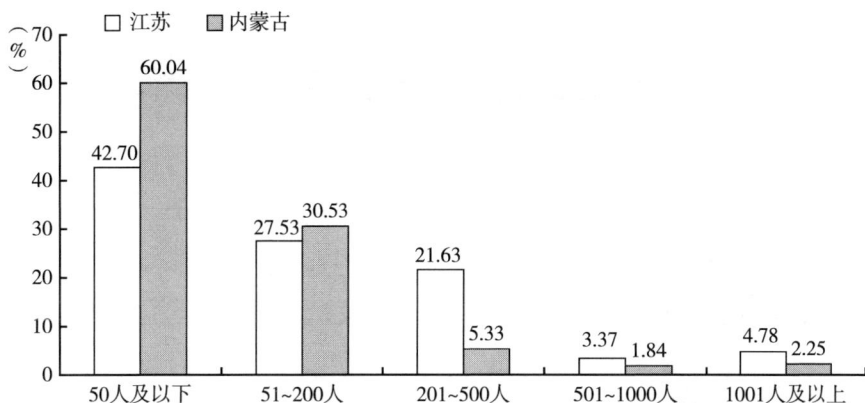

图 5-2 江苏、内蒙古科技志愿服务队规模对比

（二）各试点地区吸纳"三长"模式多样

"三长"（指学校校长、医院院长、农技站站长）是在基层传播科学技术、普及科学知识、推动农业农村发展的重要力量，也是提升科技志愿服务专业化水平的主要资源，但在实际工作中，各试点地区推动"三长"参与科技志愿服务工作的力度和成效方面存在比较明显的差异。经济发达地区的"三长"工作落实效果更好，模式创新更多。

调研数据显示（见图 5-3），江苏、北京等经济较发达地区的科技科普单位，每年吸纳加入志愿队伍的"三长"等人才人数明显多于吉林、内蒙古等省份。从目前没有吸纳过"三长"的科技科普单位比例看，内蒙古（18.26%）、吉林（18.15%）的数据明显高于北京（14.29%）和江苏（4.04%）。

调研还发现，由于主管领导重视、政策落实到位、创新意识强、财政经费充足、各类协会和学会组织健全等因素，经济水平较高的试点地区，能够更加有效地落实"三长"工作，并发展出"四长""三长 +"等多种模式。通过吸纳"三长"人员进入科协领导机构兼职、

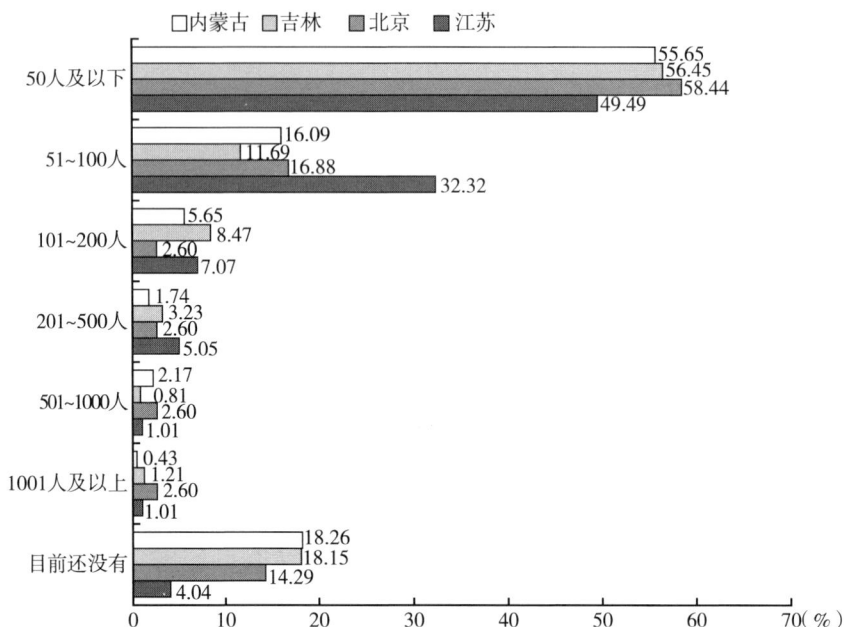

图 5 - 3　各省份科技科普单位每年吸纳三长等人才数量

挂职，扩大了基层科协组织队伍和工作覆盖面，推进科协系统改革，提升了科协的组织能力，进一步提升了科普志愿服务的效果。

以浙江省为例，省科协实施"三长制"的过程中，通过精心安排、顶层设计、周密部署，在市、县、乡、村四级开展试点，鼓励各地因地制宜进行探索，涌现出了以余杭为代表的"平台型"、以宁波为代表的"合伙人制"、以台州为代表的"服务式"、以温州为代表的"帮带式"和以绍兴为代表的"科普领先式"等一批各具特色的推进模式，形成了可学习、可复制、可推广的"浙江经验"、"浙江模式"和"浙江样板"。[①] 推进过程中，浙江全省 88 个县（市、区）建立了院士专家工作站 712 个，邀请了 300 多位海外院士、专家来浙

① 《"三长制"：科协服务经济社会发展的"浙江经验"》，http：//www. rmlt. com. cn/2019/1009/558685. shtml，最后访问日期：2021 年 8 月 3 日。

服务和工作，建成全国学会服务站 44 个、省级学会服务站 13 个、创新驿站 41 个。通过将"三长"与科协紧密联系，辐射医务工作者、农技人员和中小学教师这三支基层分布最广泛的专业队伍，有效提高了浙江科协的组织力与影响力，丰富了科普志愿服务的内容，让基层群众获得了科学普及、技术培训等方面的更多优质服务。①

而在江苏省丹阳市，科协组织联合科教文卫多个部门共同推进"四 + 一"试点工作。通过积极吸纳"四长"② 中的先进典型进入市科协任委员、常委，吸纳组织能力强、技术水平高、认同感强的科技工作者进入基层科协担任兼职、挂职副主席，培育出了一支善谋改革、善抓发展、善搞科研的兼职科协工作者队伍，达到了充实壮大组织力量、全面提升综合服务能力的效果。

而在一些经济发展水平相对较低的地区，由于缺乏协会和学会机构等，"三长制"落实情况并不太理想，有些地区仅仅从名义上确定了"三长"名额，并没有充分发挥"三长"在科协单位的作用，更难以助推科学志愿服务的落实。比如在贵州省清镇市、赤水市、龙里县，广东乳源瑶族自治县，湖南辰溪县等地，课题组就没有查到有关"三长制"落实情况的资料。

（三）经济发达地区科技志愿服务保障机制成熟完善

完善的政策保障机制和奖励措施，是维持科技志愿服务活力与动力的重要条件。调研发现，经济发展较好的试点地区，对于新时代文明实践中心建设工作投入的资金较多、政策保障更有优势，针对志愿服务队伍的激励机制也更为丰富。

---

① 《"三长制"：科协服务经济社会发展的"浙江经验"》，http：//www. rmlt. com. cn/2019/1009/558685. shtml，最后访问日期：2021 年 8 月 3 日。
② "四长"指医院院长、中小学校长、农技推广部门负责人和科技型企业家。

以安徽天长市为例，该地区不断创新投入和保障机制，逐步探索建立"政府主导、社会参与"的多元投入机制。一方面，把新时代文明实践中心一次性建设费用100万元和全年工作运转费用160万元纳入财政预算，并要求各镇（街）把文明实践试点工作所需经费纳入同级预算。另一方面，积极吸纳社会资金，鼓励社会资本投入文明实践。尝试建立文明实践志愿服务资金池，完善志愿服务项目孵化奖补机制和积分激励机制，为志愿服务项目大赛等文明实践活动提供企业单位和社会团体的资金支持渠道。此外，天长市还不断丰富志愿服务奖励机制，定期开展"星级志愿者""优秀志愿组织"等评选表彰活动，探索建立"积分制度"，允许志愿者用积分在"天长新时代"App上兑换生活用品或办公用品。

山东省荣成市充分发挥当地多年来形成的志愿服务制度化和信用体系建设的特色优势，打造了将志愿活动与居民信用挂钩的新时代文明实践志愿信用机制，被称为"荣成模式"。群众参与理论宣讲、清洁家园等26项文明实践活动与个人信用挂钩，参与志愿服务活动的时长会折算成信用积分，信用积分不仅要定期公示，还可以兑换多种形式的奖励。市级层面，达到一定信用分值的市民可享受信用贷款、减免费用等100多项守信激励产品。村级层面，荣成市出台《农村居民信用积分评价办法》，镇村两级设立2000万元的文明实践信用基金，变过去村民福利"一刀切"为信用奖励，居民可以用信用积分换取诚信券，到村内开设的"信用超市"或"志愿银行"兑换生活用品或其他福利。在荣成模式的激励下，当地群众参与文明志愿服务活动的积极性、主动性和荣辱感大大提高，志愿服务活动的效果也得到明显提升。

（四）线上平台建设和宣传效果凸显

线上服务平台是直接建立在志愿服务队伍与群众间的"桥梁"，

可以精准对接群众需求，更加方便快捷地为基层群众服务。调研走访发现，不同经济发展情况的试点地区，在科技志愿服务线上平台建设、利用、宣传等方面差距较为明显，经济发达地区的线上平台建设更成熟，宣传力度也更大。

根据中国文明网新时代文明实践中心公布的数据对比可以看到，经济发展水平较高的试点地区，建立建成新时代文明实践中心网站的比例较高。[①] 如表 5 - 3 所示，人均 GDP 大于 10 万元的 11 个第一类地区，只有浙江海宁、山东胶州没有建立当地新时代文明实践中心网站；人均 GDP 在 5 万元到 10 万元的 22 个第二类地区中，有 10 家没有建立当地新时代文明实践中心网站；而人均 GDP 在 5 万以下的 17 个第三类地区，只有北京延庆和安徽巢湖建立了当地新时代文明实践中心网站。

表 5 - 3　全国 50 个试点县（市、区）线上平台建设情况

单位：元

省份	地区	人均 GDP	类别特征	试点建设线上平台情况
山东	龙口市	146000		龙口文明网
山东	荣成市	145200		荣成市新时代文明实践中心云平台
江苏	宜兴市	136473		杜鹃花开——宜兴市新时代文明实践中心网上平台
江苏	丹阳市	126736	第一类，人均 GDP 高于 100000 元的地区	丹阳市新时代文明实践中心
陕西	凤县	124447		凤县新时代文明实践中心
江苏	溧阳市	122626		溧阳市新时代文明实践中心
浙江	慈溪市	115648		慈溪市农村文化礼堂综合平台
江苏	海安市	114798		海安市新时代文明实践中心
浙江	海宁市	112462		无
山东	胶州市	104000		无
浙江	诸暨市	103668		诸暨市新时代文明实践中心

---

① 数据统计时间截至 2020 年 12 月 31 日。

省份	地区	人均GDP	类别特征	试点建设线上平台情况
福建	上杭县	94520		上杭文明网
浙江	长兴县	91958		长兴县新时代文明实践中心
浙江	桐庐县	91373		桐庐文明网
山东	桓台县	90500		桓台县新时代文明实践中心
浙江	安吉县	83382		无
安徽	当涂县	81911		当涂县新时代文明实践中心
福建	福安市	81400		福安市新时代文明实践中心
江苏	徐州市	76915		徐州市贾汪区新时代文明实践中心
贵州	清镇市	68186	第二类,人均GDP为50000元~100000元的地区	无
江苏	盱眙县	67236		盱眙县新时代文明实践中心
陕西	延川县	66566		无
安徽	天长市	64637		天长市新时代文明实践中心
山东	肥城市	64200		无
贵州	龙里县	62636		无
广东	博罗县	60714		无
山东	寿光市	60200		无
江苏	阜宁县	58271		阜宁县新时代文明实践中心
浙江	平阳县	57898		平阳县新时代文明实践中心
吉林	延吉市	57754		无
山东	曲阜市	54200		曲阜市新时代文明实践中心
海南	海口市美兰区	51793		无
山东	平度市	51300		无
安徽	巢湖市	48157		巢湖市新时代文明实践中心
广东	乳源瑶族自治县	48100		无
贵州	赤水市	47533	第三类,人均GDP低于50000元的地区	无
吉林	靖宇县	47271		无
吉林	通化县	45931		无
吉林	农安县	44261		无
北京	延庆区	43649		北京延庆新时代文明实践中心
山东	五莲县	41200		无

省份	地区	人均GDP	类别特征	试点建设线上平台情况
吉林	珲春市	40987		无
吉林	公主岭市	38884		无
海南	海口市琼山区	33440		无
吉林	通榆县	29092	第三类,人均GDP低于50000元的地区	无
吉林	敦化市	27046		无
湖南	辰溪县	25076		无
湖南	凤凰县	23852		无
陕西	富平县	22025		无
陕西	志丹县	10196		无

以第一类试点地区中的江苏省宜兴市为例,当地打造了微网站"杜鹃花开——宜兴市新时代文明实践中心"和陶都志愿者平台,在新时代文明实践志愿服务活动的开展、优化,志愿者的管理等方面发挥了突出作用。

"杜鹃花开——宜兴市新时代文明实践中心"网上平台,由中共宜兴市委宣传部主办,宜兴市融媒体中心和荔枝网共同开发,于2019年3月正式上线运行。该平台在理论宣讲、文化服务、教育服务、科技科普服务、文明健康服务等新时代文明实践五大平台的版块之外,还增加了"志愿服务"和"我有需求"两个板块。"志愿服务"板块连接陶都志愿者平台,为网民提供了报名参与志愿服务的渠道,可以进行网上注册、加入志愿队伍;"我有需求"板块为网民提供了提出需求、发表建议、交流互动的平台,相关部门、网络志愿者与群众可以在平台上沟通交流、开展服务。

借助"杜鹃花开——宜兴市新时代文明实践中心"网上平台,宜兴在线上、线下共同开展了"点亮计划"。从2019年3月起,宜兴市民可以通过线下的新时代文明实践站、所或线上的"杜鹃花开——宜兴市新时代文明实践中心"平台反馈需求，工作人员会第一时间把市民的需求与建议传达给相关部门与志愿者，后续开展精准服务对接。"点亮计划"的实施，让宜兴的志愿服务工作实现了从单向"送服务"到双向互动"点单"的模式转变。相关部门以各个文明实践站点、线上平台收集到的群众需求为基础，梳理了一批基层群众重点关注的"需求菜单"，包括就业咨询、农技培训、家电维修等。各志愿服务队结合"需求菜单"和自身特色服务，积极升级志愿服务项目，定制全市"志愿服务菜单"，形成了全覆盖、分众化、菜单式的文明实践志愿服务网络。新时代文明实践服务指导中心按照供需实际，搭建项目对接平台，实现"点单—制单—埋单"的良好循环，将各项惠民服务送到百姓家门口。

陶都志愿者平台则是用于志愿者队伍管理的在线平台，集志愿者注册、志愿者招募、服务活动公示、服务时间记录等功能于一体，并与志愿江苏平台实现了互通。借助"杜鹃花开——宜兴市新时代文明实践中心"互动平台和陶都志愿者平台，宜兴推行了"互联网＋志愿服务"的模式，让志愿服务活动开展、志愿者管理等工作更加便捷，为人民群众提供了更为直接的参与途径，提高了新时代文明实践科技志愿服务的技术性、标准性、精准性和互动性，达到了良好的效果。

二 不同地域特征下的新时代文明 实践中心建设情况

首批 50 个新时代文明实践中心建设试点地区涉及全国 12 个省份，按照地理区位对省份进行分类，可以分为东北、西北、东部、中部及东南沿海五个地域。其中，东北地区为吉林省，西北地区为陕西省，东部地区包括北京、山东、安徽 3 省（及直辖市），中部地区包括湖南、贵州 2 省，东南沿海地区包括江苏、浙江、福建、广东、海南5省。①

为了深入探究不同区域的试点地区在新时代文明实践建设中的特点和差异，课题组从五个区域中，分别选取吉林、陕西、山东、湖南、江苏等5省的各试点地区进行分析，针对各个区域新时代文明实践的共性和特性，为类似区域的相关工作提供经验借鉴。

（一）东北：发挥各地优势，文明实践活动建设深度贴合群众需求

吉林省位于我国东北地区，总面积18.74万平方公里，总人口2690.73万。首批50个新时代文明实践中心建设试点县（市、区）有8个在吉林省，分别是农安县、通化县、靖宇县、通榆县、敦化市、珲春市、延吉市和公主岭市。自各试点成立至2020年12月，吉林省共有实名注册志愿者250万人，志愿团体1.34万个，志愿服务项目2.44万个。②

吉林省的新时代文明实践建设，主要包括道德建设、文明创建、文明实践、志愿服务、文化吉林五个部分。针对吉林省居民和志愿者的问卷调查结果显示（见图5-4），当地开展的科技志愿服务形式多样，在科普报告、人员知识技能培训的基础上，还结合吉林农业大省的特点，面向农村群众开展农技服务和学术讲座等活动；从活动内容看（见图5-5），科技志愿服务不仅涉及与群众生活息息

---

① 本书中区域划分依据综合了中国行政区划及自然地理区划，仅针对50个试点地区所在省份进行划分，并非对于各地域所含省份的完全列举。划分依据详见 https：//baike. baidu. com/item/% E4% B8% AD% E5% 9B% BD% E5% 9C% B0 E7% 90% 86% E5% 8C% BA% E5% 88% 92/4221764 及 https：//baike. baidu. com/item/% E4% B8% 9C% E5% 8D% 97% E5% 9C% B0 E5% 8C% BA/9952689。

② 《幸福吉林 | 志愿服务在身边，遇到困难有人帮》，http：//jl. wenming. cn/zyfw/sudi/202012/t20201201_ 5869624. html，最后访问日期：2021年10月3日。

相关的教育、卫生、心理健康等领域，还涉及与社会发展密切关联的环保、农林、信息、气象、防灾减灾等方面，且占比最高的教育、环保、卫生等方面，与吉林省基层治理与发展的主要任务高度相关。志愿服务项目表现出接地气、聚人气、形式多样、内容丰富的特点。

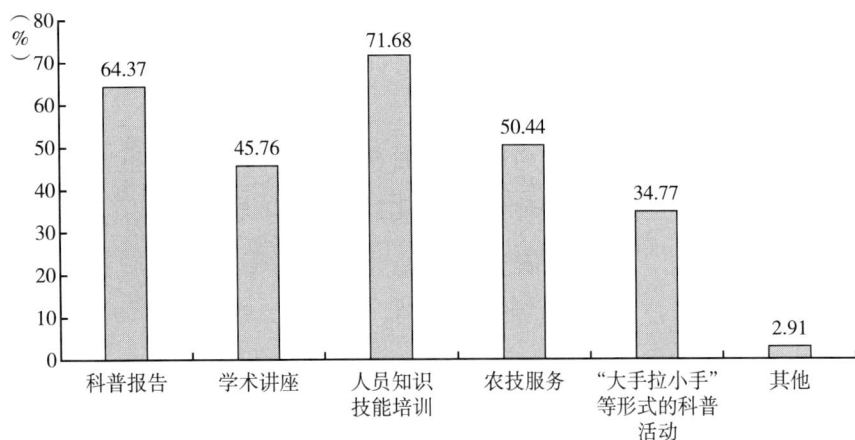

图 5 - 4 所在村（居）文明实践所（站）科技志愿服务的主要形式（吉林省）

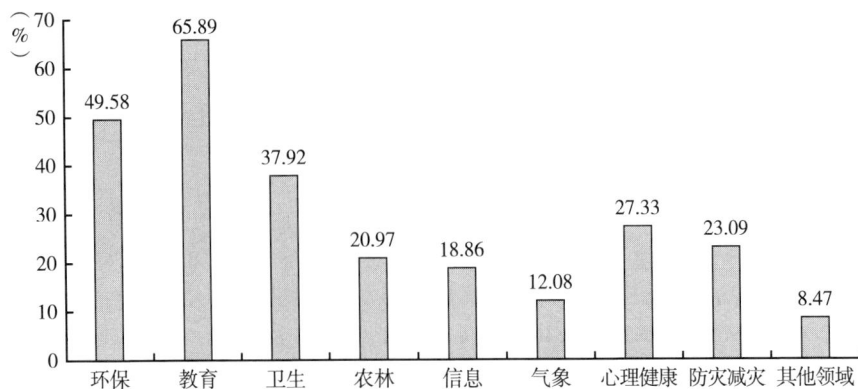

图 5 - 5 科技志愿服务项目涉及的领域（吉林省）

调研走访还发现，吉林省各试点地区在新时代文明实践中心试点建设过程中，表现出了各具特色的工作亮点，具体表现为以下几个方面。

（1）农安县积极打造"3625"特色模式，建立了"县、乡、村"三级服务阵地，创设了理论、政策、教育、法治、文化与文明等6大服务平台，打造了黄龙府新时代文化艺术节和新时代丰收节两大服务项目载体，形成了群众点单、基层报单、平台亮单、中心派单、队伍接单的运行机制。该模式深度聚焦群众需求，服务靶向精准，采用"集中大型与分散小型相结合"的方式，积极开展访贫问苦、脱贫助农、生态保护等志愿服务活动，通过举办赛诗会、民歌赛等方式吸引民众广泛参与，产生了良好的社会效果。

（2）通化县积极引导志愿服务团体走入基层，根据服务对象需要，开展个性化、定制化的志愿活动，如社区党员志愿服务、温暖夕阳志愿服务、五老之星巡逻志愿服务、科普宣传志愿服务等；当地还积极开展了"深入生活 扎根人民"主题实践活动，将图书、书画、歌曲、二人转、杂技等精品艺术送到了当地村民的家门口，激发了当地居民广泛的参与热情。

（3）靖宇县依托当地的志愿团队开展慰问一线环卫工人、校园扶智、助农秋收等活动，为群众提供服务的同时，助力环境卫生建设，营造了"水清、河畅、岸绿、景美"的人水和谐环境。

（4）通榆县打造了"爱心超市"建设项目，人们通过劳动获取超市积分，凭借积分兑换物品，极大地提高了群众参与的内生动力，成为通榆县"志智双扶"工作的重要载体。此外，当地积极开展送药下乡、科技下乡、文化下乡等活动，通过"书香课堂""百姓舞台"等项目，丰富学校学生、农村群众的精神生活。

（5）敦化市在扶贫送暖志愿服务活动中，注重扶志和扶智导向结合。用群众喜闻乐见的方式解读扶贫政策、宣传脱贫攻坚知识，鼓励贫困户发扬自力更生精神，激发脱贫致富内生动力，巩固提升脱贫成效。

（6）珲春市积极引导全民参与文明城市的建设，通过环境整治、志愿活动等共创共建活动，汇聚民心，优化环境，引领了文明的新风尚。做好口岸建设，推出大型团队预检预录等 16 项便民措施。加强诚信建设，建立"黑名单"制度以惩治失信者，对当地文明新风尚的巩固起到了良好的促进作用。

（7）延吉市创新服务形式，将科技志愿服务与疫情防控相结合。新冠肺炎疫情防控常态化时期，全市 18 个隔离点挂牌成立了流动文明实践站，为一线的工作人员送去防护服等医用物资。创立"四有"工作模式，及时有序地开展了防疫物资捐赠、环境卫生消杀、科普防疫宣传、线上心理疏导、慰问一线工作人员等志愿服务活动。

（8）公主岭市注重新时代文明实践活动的工作机制体系化、系统化建设，对域内各项工作的内容、资源、平台进行整合，建立起了城乡公共文化服务体系的运行机制，文化、科技、卫生三加强的工作机制，以及群众性精神文明创建活动的引导机制，统筹协调人员队伍、资金资源、平台载体和项目活动，整体设计、统筹推进、合力打造综合服务性平台。

整体而言，吉林省在新时代文明实践中心建设中融合了体系建设、道德建设、环境保护等工作，注重针对基层群众需求，因地制宜地开展志愿服务活动，注重特色工作机制、工作模式的探索，将新时代文明实践中心建设工作与脱贫攻坚、生态保护、文明城市建设等工作有机融合。

（二）西北：利用传统文化资源，加强公民思想道德建设

陕西省位于中国内陆腹地，总面积 20.56 万平方公里，总人口 3876.21 万，历史底蕴深厚。全国首批 50 个试点地区中，包括陕西

省的凤县、延川县、富平县、志丹县 4 个。调研走访发现，当地在推进新时代文明实践中心试点建设工作中，注重将志愿服务与传统文化相结合，重视家风、乡贤在活动推广中的作用，创造了通过新时代精神文明实践加强道德文明建设的模式。具体表现如下所示。

（1）凤县自被确立为新时代文明实践中心的试点县以来，在全县重点实施了"新思想进万家、新风尚润城乡、新文化在身边、新形象树品牌"四大工程，创造性规划设计了屋炕头宣政策、院坝里面讲故事、田间地头传技艺、乡村舞台唱梦想、板凳会上议家风、建好家园强产业等形式，推进试点工作走进田野乡村，入脑入心，加强当地的村风民风建设，改变乡村陋习；搭建了理论宣讲、教育体育、文化服务、科技科普、卫生健康五大平台，结合县情实际和群众需求传播文明正能量，成立医疗卫生、教育体育、农业科技等志愿者服务大队，将文明实践活动同脱贫攻坚、孝亲敬老、乡村振兴等紧密相连，共绘蓝图。

（2）延川县有着以瓦村河自然村为代表的一批拥有深厚文化底蕴的村庄，在文明实践的建设过程中也充分利用了这一资源，通过"转院子"、举办新春秧歌晚会等活动吸引村民参与，领略耕读文化精神，营造尊师重教、尊老爱幼、邻里和睦、团结友爱的道德文化氛围，弘扬和传承延川优秀传统文化；同时，延川县全力推进各类资源整合、融合、共享，统筹科教文体资源，将"三下乡"、大篷车、宣传宣讲等各类涉及教育服务农村群众的资源进行全面整合，建立理论宣讲、教育服务等"六大服务平台"阵地设备资源库；制定《公共资源共享共用办法》，推进全县文化、教育、体育等资源向群众开放，依托梁家河、路遥故居等资源，建立文明实践点 27 个、文明实践基地 15 个。

（3）富平县创新开展"怀德生日会"等活动，通过集体生日会的形式，开启群众"互动式"参与的新模式，让群众成为活动主角，实现了参与面和受众群体的最大化，让群众参与到立体式、体验化、多层次的实践活动之中，在宣传教育、凝聚引导、服务关心群众中增强凝聚力和向心力，有助于消除误解、化解矛盾、解决问题，形成良好社会风气。

（4）志丹县充分发挥当地红色资源优势，以"讲好红色故事、用活红色资源、传承红色基因"为载体，进行青少年理想信念教育，将保安革命旧址、中国人民抗日红军大学旧址、刘志丹烈士陵园等重要红色遗址作为教学实践基地，在全县各小学大力推行"红领巾小小讲解员"志愿服务活动，打造新时代科技校园，让青少年与革命先烈碰撞思想，与革命史实对照情怀，切实将红色精神内化于心、外化于行。

陕西省四地的新时代文明实践活动中均凸显了公民思想道德建设的重要地位，在具体的实践中，因地制宜利用优秀传统文化及红色资源，结合科技志愿服务，开展各具特色的文明建设活动，取得了良好的宣传效果与建设成果。

（三）东部：志愿服务挂钩信用体系，构建诚信包容环境

山东省位于华东地区，总面积15.79万平方公里，总人口10070.21万，人口总量在各省中排名第二。首批新时代文明实践中心建设试点城市中，山东省拥有胶州市、寿光市、荣成市、平度市、桓台县、龙口市、曲阜市、肥城市和五莲县共9个。调查发现，山东省注重将新时代文明实践中心建设工作与信用体系建设相结合，充分利用多年来诚信制度化建设的成功，以信用讲理促进志愿服务，为志愿活动提供了道德和制度的双重保障，营造了诚信包容的良好社风民风。

具体来说，各试点地区有以下工作亮点。

（1）胶州市不断完善科技志愿服务奖励机制，坚持"精神奖励、

物质奖励兼顾"和"分级实施、累计奖励"并行的原则，出台了《胶州市新时代文明实践科技志愿服务管理办法》《科普活动奖补办法》《胶州市志愿服务工时记录制度》等政策文件。建立"爱心账本"和星级认定机制，根据年度服务、服务业绩、社会影响等指标，对志愿服务组织、志愿者和志愿项目进行梯次奖励，有效提升了参与志愿服务的荣誉感和获得感，使得"服务有热度、市民有风度、城市有温度"的文明氛围在全市蔚然成风。胶州市文明实践中心科技志愿服务队也因表现出色，被授予2019年度中国科协全国十佳科技志愿服务团队先进典型、山东省科协改革品牌、山东省科普示范团队等荣誉称号。

（2）寿光市通过考核、激励并举，有效扩大了科技文明志愿服务的参与规模。当地政府将科技志愿服务工作列入全民科学素质工作推进内容，纳入年度绩效考核核心目标。研究出台《新时代文明实践嘉许礼遇办法》，在医疗救助、评先树优、职称评定、金融贷款等方面落实志愿服务待遇，将志愿服务星级与信用贷结合，达成文明实践示范村整村授信，吸引全市超1/6的人口注册成为志愿者的目标。

（3）荣成市是山东省社会信用体系建设的先行者，多年来，已形成了信用信息征集、评价、披露和应用于一体的制度机制。当地把志愿服务项目与征信管理相结合，在新时代文明实践中心试点建设中推出"暖心食堂"项目，为信用达到"A"级别的老人提供免费或低价午餐，在改善老人生活质量的同时，借助新时代文明实践中心建设推动信用体系建设。

（4）平度市建立"道德银行"，将志愿服务等道德行为"积分化"，让文明行为"看得见""能兑现"，充分调动了群众参与新时代文明实践科技志愿活动的热情，让惠人惠己的"道德准则"在群众心中生根发芽。

（5）龙口市在本地的新时代文明实践网站上单独设立"诚信建设"板块，积极更新相关信息，让"信用"成为企业发展、科技志愿服务及文明实践工作开展的"金钥匙"。

（6）曲阜市提出"礼之为用 德润圣城"，以传统美德激发"新文明"，依托诚信体系加强科技志愿者的服务能力建设。通过进行文明现状摸底，形成17个问题清单，针对突出问题，开展了"幸福食堂"建设、"美德游客"、"美德导游"和"美德司机"评选等活动。通过新时代文明实践，广泛传播诚信理念，开展政德教育，将文明倡导内化为群体性的行为习惯。

（7）肥城市在实践中大力宣扬"爱国、诚信、正直、奋进"的肥城君子文化，擦亮"君子之邑 文明肥城"城市名片。

（8）五莲县加快"信用五莲"建设，以建设农村、社区居民、企业三大信用体系为基础，在机制构建、内容采集、成果应用等方面实现多项科技创新突破，培育了多名先进模范，文明诚信之风惠泽全县。

（9）桓台县为了推进新时代文明实践志愿服务制度化、常态化，创新开展星级文明实践示范站和志愿服务队认证评定工作。经自评申报、综合评定、媒体公示等程序，为工作成绩突出的文明实践站点、志愿服务队评定星级，让各实践站、服务队学有榜样、赶有目标，形成"比、学、赶、帮、超"的浓厚氛围。通过对星级志愿服务组织进行动态管理、年度考核，根据表现定期调整星级，有效督促志愿服务组织提升服务质量和管理水平。

整体来看，山东各试点地区不断完善制度保障，利用科技支持，大力构建起了平台化、网络化、信息化的诚信制度体系。通过将信用建设与新时代文明实践有机结合，为群众提供了投身诚信建设的具体途径，让居民享受到了信用建设的丰硕成果，也为新时代文明实践活动的广泛开展奠定了牢固的群众基础。

（四）中部：以服务促发展，与脱贫攻坚、生态保护深度融合

湖南省地处我国中部，位于云贵高原向江南丘陵的过渡地带，总面积21.18万平方公里，总人口6918.38万，省内的凤凰县、辰溪县被划定为首批新时代文明实践中心建设的试点县。凤凰县、辰溪县属于经济欠发达地区，两地开展的志愿服务活动，更加注重与经济建设、生态保护等需求相适应，通过提供科技服务、引入社会力量、发动人民群众等方式，统筹推进乡村振兴、脱贫攻坚与新时代文明实践中心试点建设工作。

具体来说，各试点地区有以下工作亮点。

（1）作为湘西的深度贫困地区，凤凰县通过新时代文明实践志愿服务，积极推进脱贫攻坚、精准扶贫工作。全县组织上万名志愿者，深入开展"结对帮扶"活动，采取一户一策精准宣传，讲清、讲透扶贫政策，帮助贫困户开对政策药方，找准脱贫路子。针对当地农业生产需要，积极开展各类防灾减灾、惠农助农的服务项目，志愿者们深入受灾一线，为广大农民抢收、晾晒、烘干稻谷提供技术指导，运用科技知识助力农业建设。依托当地自然风光优势，志愿者们积极开展文明劝导、免费导游、景区保洁、文明交通等服务工作，助力文明景区建设，成功打造了一批知名旅游活动品牌。

（2）辰溪县通过开展新时代文明实践活动，助力村镇集体经济发展。通过"传经送宝 惠企助农"项目，志愿者们围绕全县油茶、水稻、稻田养育等产业发展，为企业、农户提供科技服务，帮助企业增收、农民增产；通过"群众点单、志愿者接单"的形式，当地城镇乡村纷纷建立起了农产品代销店，满足了群众需求。新冠肺炎疫情防控常态化时期，志愿队伍还组织了"户帮户亲帮亲，互助脱贫奔小康"项目，由志愿者结对帮扶近邻重度残疾或特困群众，开展邻

里守望相助。通过新时代文明实践中心，辰溪县进一步凝聚社会力量、引导发动群众，积极投入乡村振兴工作中，一幅"产业兴旺特色美、生态宜居环境美、乡风文明心灵美、治理有效和谐美、生活富裕快乐美"的"五美乡村"画卷正在这片热土上展开。

整体而言，湖南省各试点地区开展的新时代文明实践活动，更加紧密地与经济发展、生态文明建设有机结合，贴合当地群众的实际需求，积极引入社会力量，通过提供专业性强、实用性好的科技志愿服务，以服务促发展、以服务促民生，探索乡村振兴的新路子，激发群众脱贫攻坚的内生动力，对基层社会治理起到了积极作用。

（五）东南沿海：加强生态建设，打造文明名片

江苏省地处长江三角洲，属于沿海省份，总面积10.72万平方公里，总人口8474.8万。在首批新时代文明实践中心建设试点中，江苏省共有徐州市、溧阳市、海安市、宜兴市、盱眙县、阜宁县和丹阳市共7个试点市县。

江苏省各试点地区在新时代文明实践工作中，紧紧抓住"绿水青山就是金山银山"这一"金钥匙"，强调通过志愿服务助力生态环境建设、加强生态环境保护，营造优美环境。调查显示，当地开展的科技志愿服务项目中，环保类占比最高，卫生（65.45%）和教育（69.10%）也占据了较大的比重（见图5-6）。具体来说，各试点地区有以下工作亮点。

（1）徐州市在生态文明实践中提出"贾汪区潘安湖治理模式"，将周边采煤塌陷地等规划为生态走廊。通过志愿服务活动，助力开展各类生态保护项目，推进公共空间、公共设施的建设，破解了治理难题，巩固了民生保障，让曾经的"一城煤灰半城土"变为了如今的"一城青山半城湖"。

（2）溧阳市紧抓生态环境这一核心优势，积极开展生态环境建

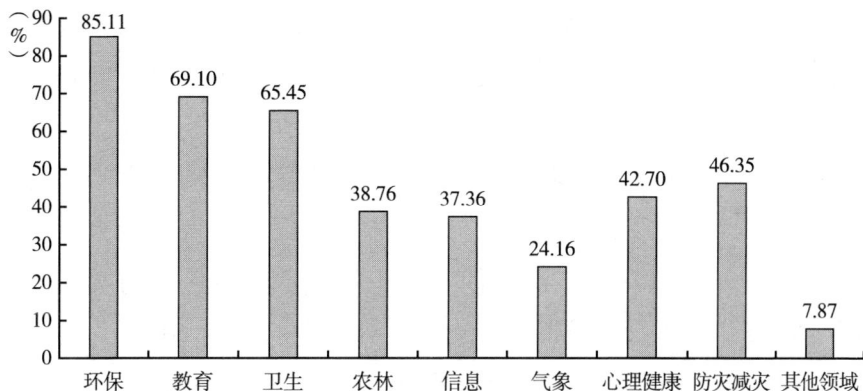

图 5 - 6　科技志愿服务项目涉及的领域（江苏省）

设，吸引产业、科技、人才，带动城乡空间、公共服务、生活方式提升转变。通过打通生态资源的价值转化路径，形成公园城市、全域旅游、产业集群、乡村建设和区域协作的示范，推进文旅融合，以"旅游＋新经济"提升其旅游的核心竞争力。

（3）海安市积极探索"旅游＋"文明实践模式，以乡风文明助力生态宜居城市建设，发掘乡村人文遗迹、民俗风情、历史文化等人文资源，在乡村建设中发展旅游产业，改善乡村生态环境面貌和当地农民的精神风貌，强化农村原有生态文化的建设与传承，实现生态环境与文明程度的同步提升。

（4）宜兴市白塔村围绕"生态立村、文化强村、旅游富民"目标，不断探索适合自身特点的美丽乡村建设之路，将白塔村从一个经济薄弱村发展成拥有"全国文明村""中国美丽休闲乡村""全国生态文明村"等众多"国"字号头衔的"明星村"。

（5）盱眙县作为江苏著名的山水绿城，依托优越的生态环境，坚持生态效益与经济效益并重的良性发展轨迹，通过志愿服务项目促进旅游、文化产业发展，将生态资源转化为经济收入，在改善居住环境的同时，提高居民的获得感。

（6）阜宁县古河镇坚持"生态立镇、环境兴镇"，大力开展农村环境整治工作，扎实开展清洁家园、清洁田园、清洁水源，争创文明村民、争创和谐家庭、争创康居示范村"三清三创"活动。借助志愿服务队伍，在全镇范围内开展多种形式的宣传活动，将"三清三创"工作的意义、标准、措施、要求等宣传到户、宣传到人。经过宣传活动，全镇群众"三清三创"知识知晓率、村民参与文明村民应评参评率、家庭参与和谐家庭参评率等指标都达100%，推进了"天蓝、水清、地绿、人好"的绿色生态家园建设，提高了农民文化素养。

（7）丹阳市推进文明城市暨村庄环境长效管理工作。通过组织志愿服务队，吸引群众参与改善人居环境、提升城市文明水平的各类活动，养成村民自觉保护环境的意识，提升城市品质。

整体来看，江苏省各试点地区都将保护环境与生态发展放在同经济建设一样的战略高度上，通过将生态保护纳入新时代文明实践活动的范畴，促进了全社会参与保护、利用生态资源，在绿水青山之下保障好民生，共享发展成果。

三 科技志愿服务区域发展分析结论

从调研以及分析结果来看，整体上，各试点地区都在扎实有序地推进新时代文明实践中心建设工作，开展科技志愿服务，普遍取得了工作落实和队伍建设的阶段性成效，产生了良好的社会效果。但不同的试点地区，由于经济发展水平、地理区域的差异，在具体工作上存在比较明显的差异。

从经济发展角度看，经济发展水平较高的各试点地区，在志愿活动开展、"三长制"建设、激励保障制度形成、线上平台建设和宣传等方面政策落实更到位、工作进展更快、创新形式更多、活动效果更突出，可以起到一定的模范带头作用。

课题组在调研走访中也发现，这些差异的产生，主要由于经济发展水平较高地区的几方面优势：一是财政经费更充足，相关经费落实更到位；二是区域内高校、学会、协会、企业及社会团体等资源更丰富，可协调的人力物力资源更多；三是政策保障更成熟，在志愿服务、基层治理、社会信用等方面积累的制度建设成果更多；四是创新意识更强，在工作方法、工作机制等方面的探索更多。由此可见，经济发展水平相对较低的试点地区除了要加强对工作的重视，加强经费保障之外，还可以借鉴、学习先进地区的案例、做法和经验，结合地区实际，在吸引社会力量、改善政策环境、创新工作方式方法等方面不断加大工作力度，提升工作效果。

从地理区域角度看，不同省份的试点地区都能够因地制宜，将新时代文明实践工作与本地区的区域优势、发展战略和重点工作相结合，在建设中表现出不同的侧重点，如西北地区注重传统文化资源的利用，东南沿海地区注重生态建设，中部地区强调脱贫攻坚等。这些各具特色的发展样本，为处于相同区域或者相似条件的其他试点城市提供了经验和样板，也为后续新时代文明实践工作的推广提供了丰富的思路。

总体来看，不同条件的试点地区在新时代文明实践中心建设、科技志愿服务开展中表现出的差异，体现了这一工作的复杂性和丰富性。随着新时代文明实践工作的逐步扩大，各试点地区有必要在工作机制、队伍建设、活动开展等诸多方面加强交流学习，集思广益、因地制宜，打磨出最符合本地区需要的科技志愿服务体系和新时代文明实践工作模式。

第三部分　典型案例

第六章
吉林省科技志愿服务案例报告

尚　甲[*]

2018 年 8 月 21 日，习近平总书记在全国宣传思想工作会议上强调，"推进新时代文明实践中心建设，不断提升人民思想觉悟、道德水准、文明素养和全社会文明程度"。[①] 在新时代文明实践中心建设的重要任务和主要阵地中，科技与科普是不可忽视的服务领域，广泛开展科技志愿服务，提升全民科学素质，将为广大群众文化素质、思想道德素质以及身心健康素质的提升奠定基础，是提高全社会文明程度的重要推手。

作为我国科技志愿服务大局中重要的参与、示范乃至组织者，科协组织及相关单位为进一步发挥智力密集、组织有力的系统优势，融

---

　*　尚甲，中国科普研究所研究实习员，研究方向为科技传播、科普政策等。
　①　《习近平：举旗帜聚民心育新人兴文化展形象 更好完成新形势下宣传思想工作使命任务》，人民网，http://jhsjk.people.cn/article/30245212，最后访问日期：2021 年 9 月 1 日。

入并推动新时代文明实践欣欣向荣的科技志愿服务浪潮。课题组对吉林、宁夏、江苏、北京等地新时代文明实践中心科技志愿服务现状展开了多次实地调查，考察科技志愿服务的组织机制、开展实况、难处短板以及效果影响，对未来科技志愿服务的常态化、规模化、实效化和普惠化进行思考。相关报告如下。

一　公众参与科技志愿服务状况调查

（一）调查方法及实施情况概述

本案例报告主要采用实地调查研究方法，分批次对吉林各地新时代文明实践中心试点开展实地走访、观察和座谈访问，并在试点地区开展问卷调查，面向新时代文明实践中心服务的公众、科技志愿服务单位和志愿者发放问卷，分别累计回收有效问卷665份、259份和424份。

（二）公众基本情况

受访的公众中，男性278人，女性387人（见表6-1）；18岁及以下53人，19~25岁34人，26~40岁239人，41~60岁335人，61岁及以上4人（见表6-2）；从职业分布来看，受访者中企事业单位管理人员占比最高，为46.6%，之后依次为：其他职业、农民和学生（见表6-3）。

表6-1　受访公众性别分布

单位：人，%

		人数	百分比	累积百分比
有效	男	278	41.8	41.8
	女	387	58.2	100.0
	合计	665	100.0	

表 6－2　受访公众年龄分布

单位：人，%

		人数	百分比	累积百分比
有效	18 岁及以下	53	8.0	8.0
	19～25 岁	34	5.1	13.1
	26～40 岁	239	35.9	49.0
	41～60 岁	335	50.4	99.4
	61 岁及以上	4	0.6	100.0
	合计	665	100.0	

表 6－3　受访公众职业分布

单位：人，%

		人数	百分比	累积百分比
有效	学生	55	8.3	8.3
	科研人员	13	2.0	10.3
	企事业单位管理人员	310	46.6	56.9
	工人	8	1.2	58.1
	农民	94	14.1	72.2
	退休人员	4	0.6	72.8
	自由职业者	18	2.7	75.5
	其他	163	24.5	100.0
	合计	665	100.0	

（三）了解及参与情况

受访公众中，对本地新时代文明实践科技志愿服务表示"非常了解"和"比较了解"的分别有 268 人和 251 人，累计占比达 78.0%，了解程度"一般"的公众占比 21.7%，而"不了解"的仅占 0.3%（见表 6－4）。"经常参加"和"有时参加"本地新时代文明实践科技志愿服务活动的受访者分别有 296 人和 369 人（见表 6－5），有效答卷中的受访者全部参与过新时代文明实践中心的科技志愿服务活动。这表明吉林在新时代文明实践中心建设中开展的科技志愿服务成效初显，相关工作在群众中产生了一定影响，科技志愿服务覆盖面较广，能被绝大部分群众所知晓、了解和参与。

表6-4　受访公众对新时代文明实践科技志愿服务的了解程度

单位：人，%

		人数	百分比	累积百分比
有效	非常了解	268	40.3	40.3
	比较了解	251	37.7	78.0
	一般	144	21.7	99.7
	不了解	2	0.3	100.0
	合计	665	100.0	

表6-5　受访公众对新时代文明实践科技志愿服务活动的参与情况

单位：人，%

		人数	百分比	累积百分比
有效	经常参加	296	44.5	44.5
	有时参加	369	55.5	100.0
	合计	665	100.0	

　　吉林省委、省政府高度重视新时代文明实践中心工作，吉林省委宣传部颁布了《关于开展市（州）党委常委、宣传部长蹲点调研建设新时代文明实践中心试点工作的通知》，要求各级主要领导亲自蹲点督导工作，开展调研服务，促进新时代文明实践中心建设试点工作扎实推进，取得实效。吉林省在新时代文明实践中心建设第一批50个全国试点县（市、区）中就有8个，并在第一轮试点建设中设立了12个省级试点县（市、区），新时代文明实践启动的时间较早，起点也较高。据公开报道，截至2020年8月，吉林全省各文明实践

中心共组织 13356 支志愿服务队和 79.93 万志愿者，累计开展各类志愿服务活动 82 万场次，服务群众达 1915 万人。

吉林科技志愿服务群众基础较好，与其自上而下一致高度重视和创新理念方法不无关系。

在新时代文明实践中心建设试点中，吉林省各级领导高度重视，采取逐级派出主管领导进行蹲点指导工作，通过调研发现问题、发现需求、发现困难，帮助试点地区总结经验，不断把试点工作推向深入。这种深入腹地的调研服务方式，能够有效地发现问题、满足需求，真正服务地方各项工作的开展。中国科协动员组织科技志愿服务的做法，对当地的文明实践工作产生了很好的示范和激励作用，不仅使各级主管部门效仿开展调研服务，还更加重视科技科普服务在文明实践中的突出作用。

作为吉林省试点中的优秀典范，长春市九台区研究推出了"领""帮""引""带""聚""融""推""享"的八字工作理念。"领"即三级班子领，发挥区委、乡镇（街）党（工）委、村级党组织三级班子的领头作用，实现政治、思想、组织、文化、作风引领，强化一把手的导向作用；"帮"即志愿服务帮，通过志愿服务，让文明实践各类资源向基层流动，服务实践主体，用好志愿服务这个便捷、常态、有效的渠道；"引"即百姓需求引，把百姓需求作为文明实践的指挥棒，群众需求在哪里，文明实践就延伸到哪里，资源就流向哪里，活动就开展到哪里；"带"即基层能人带，抓住基层能人骨干这些百姓中的关键少数，带动百姓广泛参与，通过自我实践实现自我提升，体现自我价值；"聚"即品牌项目聚，把聚人气、有活力、有魅力的活动提升为文明实践项目，实行项目化管理和运作；"融"即政策资源融，用行政、市场、科技等各类手段融合可为文明实践所用的各级各类政策和资源，整合力量，拓宽文明实践路径、空间，在一个主题下向基层农村聚焦发力；"推"即创新机制推，通过机制创新，创造内生动力，激发工作活力，进而演化出常态运行的工作模式；"享"即基层群众享，让百姓享受文明实践的过程、享受文明实践的成果。九台区委系统在推进过程中，把每个字都作为文明实践的一个重要课题，稳扎稳打，往深了做，往实里走。

2020年8月，吉林省新时代文明实践中心建设推进工作现场会在九台召开，全省相关人员就"九台经验"现场观摩学习交流，将以人为本、实用高效、融合共享的先进经验推广至全省。

（四）科技志愿服务的内容与形式

科技志愿服务的内容和形式直接关系到活动的效果，服务内容要从各地经济社会发展实际和群众需求出发，服务形式要尽量简洁高效、通俗接地气，才能吸引更广泛的群众参与其中，才能让志愿服务真正发挥解民需、树风尚、创文明的实效。

调查显示，群众接受度较高的志愿服务活动内容前三位分别是实用技术推广、卫生健康服务和应急安全技能培训，分别有64.8%、63.3%和57.7%的受访者表示出对上述服务内容的喜好，占比均过半，而喜欢青少年科技活动指导和科学辟谣及反伪科学反封建迷信的受访者超过40%（见表6-6）。这反映出群众在工作技能、生命健康和安全等方面存在较强烈的科学信息获取需求，应当成为科技志愿服务活动统筹与设计中的关注重点。

表6-6　受访公众对科技志愿服务活动内容的喜好

单位：%

		个案百分比
科技志愿服务活动内容	实用技术推广	64.8
	卫生健康服务	63.3
	应急安全技能培训	57.7
	青少年科技活动指导	48.6
	科学辟谣及反伪科学反封建迷信	40.0
	其他	2.7

对于目前现实中群众已经感知到的科技志愿服务活动形式，排名前列的依次是人员培训、科普报告、农技服务和学术讲座（见表6-7），以课堂教学类为主要形式，略显单一，对基层群众尤其是农民、产业工人等群体吸引力不足，实地培训、体验类的活动偏少。

表6-7　已经开展的科技志愿服务活动形式

单位：%

		个案百分比
已经开展的科技志愿服务活动形式	科普报告	66.8
	学术讲座	46.9
	人员培训	72.5
	农技服务	54.3
	"大手拉小手"等形式的科普活动	34.6
	其他	2.4

调查显示，受访单位开展的科技志愿服务活动内容类型分布较为平均，表明绝大部分文明实践单位开展的科技志愿服务能覆盖到实用技术、青少年科学教育、卫生健康、应急安全以及反伪反封等基本领域（见表6-8），满足群众工作、健康、文化等多方面需求。

表6-8　受访单位实际开展的科技志愿服务活动

单位：%

		个案百分比
单位实际开展的科技志愿服务活动	实用技术推广	61.4
	青少年科技活动指导	69.9
	卫生健康服务	69.1
	应急安全技能培训	71.4
	科学辟谣及反伪科学反封建迷信宣传	64.5
	其他	15.4

文明实践单位实际开展科技志愿服务活动的频率普遍不高，一个月开展2次及以下的单位超过半数，3～4次的单位大约有1/3，而一个月能开展5～8次乃至9次及以上的单位仅占14.3%（见表6－9）。这表明受访单位实际中开展科技志愿服务尚未形成常态化、规模化态势，相当部分的单位甚至无法保证一周至少开展一次服务活动，一定程度上制约着科技志愿服务活动的质量提升和在群众中的影响力扩大。

表6－9　受访单位开展科技志愿服务活动的频率

单位：家，%

		单位数量	百分比	累积百分比
有效	2次及以下	135	52.1	52.1
	3～4次	87	33.6	85.7
	5～8次	23	8.9	94.6
	9次及以上	14	5.4	100.0
	合计	259	100.0	

同时，吉林一些新时代文明优秀试点县（市）在志愿服务活动"规定动作"之外深耕服务的精准性和专业性，探索出扩大科技志愿服务影响力的有效路径。新时代文明实践中心建设不是一时之策，需要形成常态化的工作运行和支持机制，这要求科技志愿服务走向项目化和品牌化。将群众喜闻乐见的志愿服务进行项目化和品牌化，既有利于形成稳定标准的志愿服务工作态势，促进志愿服务水平的提高，也有助于基于本地特色，挖掘打造真正符合群众利益的实效型精品服务活动。珲春市新时代文明实践中心立足于其地处边陲和少数民族聚居等特色，创新建立了平安边境、和谐邻里、健康关爱、美丽乡村、民族一家、生态宜居六大新时代文明实践扩展平台，打造多彩珲春志愿服务品牌，如赤土魂、橙心意、黄手帕、绿荫缘、青纱帐、蓝领带、紫丁香、金喇叭、银元宝、黑骏马、白天鹅等，以颜色命名，取

意均来自当地自然特征、风土人情，朗朗上口，同时与农业发展、环境整治等需求契合，科技志愿服务正逐步迈向专业化和常态化轨道。延吉白山社区也形成了和谐社会教育文化院、同心圆社会工作服务中心、4D 空间模型等针对不同人群的特色活动，走上品牌化道路。

（五）高效便捷的信息化管理

吉林各地新时代文明实践试点县（市）均开发建立了信息化志愿服务管理平台，通过电脑网站、手机 App、手机微信小程序等终端，群众上传需求，新时代文明实践指挥中心在系统后台汇总、协调并进行委派，各级科技志愿服务队伍也通过平台接单，服务完成后群众还可以进行点评反馈，形成完整的"点单式"服务流程闭环，大大提高了供需对接中的信息效率。

调查显示，新时代文明实践单位开发的志愿服务系统主要功能包括人员注册、记录活动内容和记录服务时长等，有超过一半的受访单位其系统具有评价反馈的功能（见表 6 – 10）。

表 6 – 10 各志愿服务系统的主要功能设置情况

单位：%

		个案百分比
志愿服务系统主要功能	人员注册	82.2
	记录活动内容	86.5
	记录服务时长	67.2
	评价反馈	51.4
	其他	9.3

群众的使用体验情况方面，受访群众中有 57.1% 使用过新时代文明实践的"点单式"服务（见表 6 – 11）；并有累计 76.8% 的受访群众对"点单式"科技志愿服务效果表示满意，其中有 45.4% 表示非常满

意（见表6－12）；对科技志愿服务管理系统的整体评价上，有累计
85.3%的受访群众表示满意（见表6－13）。这表明科技志愿服务的信
息化管理平台收效良好，推出一年多来群众使用率已接近六成，群众
在点单式服务效果和系统使用体验上也表现出非常积极的回应。

表6－11 点单式科技志愿服务使用情况

单位：人，%

		人数	百分比	累积百分比
有效	是	380	57.1	57.1
	否	285	42.9	100.0
	合计	665	100.0	

表6－12 受访公众对点单式科技志愿服务满意度

单位：人，%

		人数	百分比	累积百分比
有效	非常满意	302	45.4	45.4
	满意	209	31.4	76.8
	一般	78	11.7	88.6
	不了解	76	11.4	100.0
	合计	665	100.0	

表6－13 受访公众对科技志愿服务管理平台、手机 App 等平台的评价

单位：人，%

		人数	百分比	累积百分比
有效	非常满意	330	49.6	49.6
	满意	237	35.6	85.3
	一般	82	12.3	97.6
	不满意	1	0.2	97.7
	不了解	15	2.3	100.0
	合计	665	100.0	

实地调查的试点地区组织开发了珲春市新时代文明实践中心信息系统平台，包括两微（文明实践微信公众号和微信小程序）、一网（文明实践网）、一端（爱珲春手机 App）；依托新兴技术打造融媒体实时指挥中心，通过网站、微信小程序和客户端与基层实践站、所以及志愿者个人实现全时、全息化沟通。打通"7＋2"民需采集通道，其中"7"就是指百姓可以通过热线电话、短信、微信、云平台客户端、爱珲春客户端、业务端和民需 e 站端上报需求。

延吉市河南街道建立阳光河南共驻共建网，分设新闻资讯、资源菜单、需求菜单、阳光商城、活动直播和会员中心等栏目，对志愿服务工作起到了良好的宣传、管理和激励作用。其白山社区志愿者全部上网注册，实行志愿服务积分制度。志愿者和群众将自身的服务和需求上传至系统后台，经审核后发布公示，进行供需对接。志愿者参与每个需求任务的可获积分和所需时长均一目了然，建立积分排行榜，打造积分兑换商城，志愿者可用所获积分直接兑换相应的日用品或其他服务，有效激励了志愿者主动广泛地参与文明实践。

数字平台作为新时代文明实践科技志愿服务中的重要基础设施，具备高效便捷的显著优势，在民需采集、志愿者管理等基本工作中日益成为主流工具。并且随着互联网数字技术的普及，人民群众信息和数字素养不断提升，加之相关主管部门的资源投入，信息化管理有望在更多相对偏远和不发达地区实现，扩大科技志愿服务的惠及面。

（六）整合盘活各类资源，提供志愿服务的坚实保障

新时代文明实践是一项牵涉面广的基础工程、庞大工程，关系到教育、健康、就业、文化生活等人民群众需求最集中的民生领域，各行各业的主管部门参与其中，因此对资金、基础设施等各类资源的整

合效率、保障力度提出了较高要求。调查发现，吉林各地新时代文明实践中心建设在整合盘活资源方面取得了初步成效。

基础设施方面，吉林受访单位利用党员活动室、社区（居委会）场所、村委会（农家书屋）和村文化广场（戏台）等开展科技志愿服务活动，志愿服务可以利用以上固有场所和当中的各类设施设备开展常态化活动，为科技志愿服务提供了基本的条件保障，也响应中央对新时代文明实践的号召，最大限度发挥既有场所和设施的效用，创新使用方法，提高利用率，减少盲目的采买新建，避免浪费。可以看到，社区（居委会）、村委会（农家书屋）、党员活动室等场所被广泛利用（见表6－14），这既体现出各地村居的管理部门对新时代文明实践科技志愿服务的真抓实干，也有利于将科技志愿服务与党建、社区（村居）治理等重要工作有机结合、互相促进，让科技志愿服务更接地气、更具活力。

表6－14　受访单位对科技志愿服务场所的使用情况

单位：%

		个案百分比
科技志愿服务场所	村委会（农家书屋）	45.9
	党员活动室	65.6
	村文化广场（戏台）	37.8
	社区（居委会）	62.5
	其他	20.1

调查显示，吉林各新时代文明实践单位大力整合、盘活区域内各类科技场馆和流动设施，举全力投入科技志愿服务中，科普活动室（站）、科普教育（示范）基地和区域内科技馆是利用度较高的科技科普基础设施，也有1/3左右的单位调动了流动科技馆、科普大篷车、农村中学科技馆等基层科普"利器"（见表6－15）。

表6－15　受访单位对科技志愿服务基础设施的利用情况

单位：%

		个案百分比
科技志愿服务基础设施	区域内科技馆	40.9
	流动科技馆	33.2
	科普大篷车	32.4
	农村中学科技馆	35.1
	科普中国e站	37.5
	科普活动室（站）	56.8
	科普教育(示范)基地	41.7

在经费来源方面，新时代文明实践单位开展科技志愿服务的资金主要仍来源于政府财政支持和单位自筹，仅有34.4%的受访单位表示有个人、企事业单位及社会组织捐赠、资助，17%的受访单位会从国内外基金会募集资金（见表6－16）。

在资源支持单位方面，地方科协成为受访新时代文明实践单位重要的资源支持和联系领导单位，有72.6%的受访单位表示主要受到地方科协的资源支持（见表6－17）。省级学会作为地方顶级的专家智力资源，也是科技志愿服务的重要资源支持单位。此外，高校和企业科协也为新时代文明实践中心科技志愿服务提供了重要资源保障，这表明科协的基层组织建设取得了实质性进展，企业和高校科协已经能在基层科技志愿服务实践中发挥作用。值得一提的是，全国学会资源并没有很好地下沉至吉林各地的新时代文明实践中心。整体来看，科协系统一体两翼组织架构为科技志愿服务蓬勃开展提供重要的资源保障，应进一步重视科协系统在科技志愿服务拓展深化中的支柱作用。

表 6 - 16　受访单位科技志愿服务经费来源

单位：%

		个案百分比
科技志愿服务经费来源	政府财政支持	69.1
	个人、企事业单位及社会组织捐赠、资助	34.4
	从国内外基金会募集资金	17.0
	单位自筹	45.2
	其他来源	18.1

表 6 - 17　受访单位的资源支持单位

单位：%

		个案百分比
资源支持单位	全国学会	15.4
	省级学会	32.0
	地方科协	72.6
	高校科协	25.1
	企业科协	23.9
	其他	18.5

在顶层设计上，已出台了一系列关于推动新时代文明实践中心建设和深入开展科技志愿服务的方案和意见，如中国科协、中央文明办出台了《关于开展新时代文明实践中心科技志愿服务试点工作的通知》《关于组织实施科技志愿服务"智惠行动"的通知》，中国科协办公厅印发了《科技志愿服务管理办法（试行）》，中国科协科普部出台了《关于进一步做好科技志愿服务有关工作的通知》等，并开展了基层科技志愿服务专项"智惠行动"，以基层科协的组织建设和资源下沉助力新时代文明实践。科协组织的优势包括人才、智库、组织以及专业且丰富的科技科普事业推行经验，以上方面都与新时代文明实践中心建

设和乡村振兴战略实施密切相关，科协在基层科技赋能上大有可为。

以珲春市新时代文明实践工作为例，科协在其中深度参与。珲春市科协牵头组建了珲春市新时代文明实践中心科技与科普志愿服务总队，并建立了由科技专家、专业人才、科普活动带头人、乡村事业带头人、科普志愿采集员、城市服务乡村志愿者等组成的多层次志愿者队伍；全市13个乡镇、街道全部选举党委（党工委）副书记或副镇（乡）长等兼任科协副主席，所有乡镇、街道将"三长"人员吸纳进科协组织担任常委，市科协目前66名委员中来自高校、企业、科研院所、农村基层一线的科技工作者共有52名，而这些人员正是新时代文明实践中科技志愿服务和科技助力乡村振兴的中坚力量。由此科协工作力量不断集聚，带动了医疗、教育、农业领域资源向基层倾斜，既有场馆、设施焕发活力，科技志愿服务方兴未艾，大大促进了文明实践工作的落地推进。

（七）志愿队伍建设持续完善

以新时代文明实践中心建设试点开展为契机，吉林各地志愿者队伍建设加速完善，志愿力量不断壮大。

调查显示，有71.4%的受访单位志愿服务队伍整体规模在50人及以下，这也与实际情况相符，新时代文明实践在县（区）、乡（镇）和村（居）层面展开，受区域内人口和财政等因素制约，单个相关单位尤其是乡（镇）和村（居）级别单位无力组织起规模较大的志愿服务队伍，且队伍人数过多也可能超出群众实际所需。有16.6%的受访单位志愿队伍规模超过50人但不多于200人，其中市级1家，区县级22家，乡镇级16家，村级4家；有4.6%的受访单位志愿队伍规模为201～500人，其中区县级8家，乡镇级4家；甚至有15家区县级单位志愿队伍规模超过1000人（见表6-18）。可见新时代文明实践中，各个行政级别的单位均不乏队伍建设的优秀典型。

表6-18 受访单位科技志愿服务队伍整体规模

单位: 家, %

		单位数量	百分比	累积百分比
有效	50 人及以下	185	71.4	71.4
	51~200 人	43	16.6	88.0
	201~500 人	12	4.6	92.7
	501~1000 人	4	1.5	94.2
	1001 人及以上	15	5.8	100.0
	合计	259	100.0	

科技志愿服务队伍组织构成方面,政府部门,党工委、团组织,以及学会、协会等行业社会团体是科技志愿服务队伍的主要组织者(见表6-19),这表明,目前党和政府部门对科技志愿服务重视程度较高,新时代文明实践中的科技志愿服务由相关官方部门亲自组织引导的比例很高,这有利于提升组织动员效率,解决社会力量资源保障力度不足的短板。

表6-19 科技志愿服务的组织机构

单位: %

		个案百分比
科技志愿服务的组织机构	党工委、团组织	49.5
	政府部门	56.3
	学会、协会等行业社会团体	47.0
	民间组织	19.0
	医疗机构、科研单位	11.2
	高等院校	10.4

队伍人才吸纳方面,分别有17.4%、56.8%、12.0%和9.3%的受访单位每年吸纳科技专家、乡土科技人才等人数为0人、1~50人、51~100人和101~200人,累计占比达95.4%(见表6-20)。将卫生

院院长、中小学校长、农技站站长等基层科技能人吸纳进科技志愿服务队伍，这成为基层科技志愿服务开展的最有力抓手，这些科技能人长期深耕基层，对群众需求把握十分精准，也积累了良好的群众口碑，号召力、影响力强，但长期苦于资金、人才、项目短缺，若能对其辅以持续的优质资源支持，基层科技志愿服务的质量和效果有望提升。除此之外，"科普中国"科普信息员也成为各单位科技志愿服务志愿队伍的重要力量（见表6-21），信息员平时就承担着在基层输送科普资源、调查群众需求的任务，这与科技志愿服务的内涵和宗旨契合，为科技志愿服务提供极具价值的实践经验。

表6-20 受访单位每年吸纳卫生院院长、中小学校长、农技站站长、
科技专家、乡土科技人才等加入科技志愿队伍的人数

单位：家，%

		单位数量	百分比	累积百分比
有效	目前还没有	45	17.4	17.4
	1~50 人	147	56.8	74.1
	51~100 人	31	12.0	86.1
	101~200 人	24	9.3	95.4
	201~500 人	7	2.7	98.1
	501~1000 人	2	0.8	98.8
	1001 人及以上	3	1.2	100.0
	合计	259	100.0	

表6-21 受访单位"科普中国"信息员队伍注册人数

单位：家，%

		单位数量	百分比	累积百分比
有效	目前还没有	39	15.1	15.1
	1~50 人	128	49.4	64.5
	51~100 人	24	9.3	73.7
	101~200 人	31	12.0	85.7

		单位数量	百分比	累积百分比
有效	201～500 人	8	3.1	88.8
	501～1000 人	7	2.7	91.5
	1001 人及以上	22	8.5	100.0
	合计	259	100.0	

（八）弘扬志愿奉献文明风尚

新时代文明实践工作开展的目的是通过宣传教育提高群众的思想道德、科学文化等综合素质，推动基层精神文明建设，提升社会文明程度。对吉林科技志愿者志愿理念的调查结果显示，志愿者们发扬高度的社会责任感和助人奉献的传统美德，通过参加服务活动，解他人之需，提升个人素质，升华自我价值，文明新风得到持续弘扬。数据显示，有79.5%的受访志愿者是出于自身的社会责任感而投身科技志愿服务，有59.7%和55.7%的受访志愿者希望在志愿服务中更好地实现自我价值和自我成长（见表6-22）。关于参与科技志愿服务的收获，志愿者们表达最多的还是"为社会精神文明建设做出贡献"（见表6-23）。

表 6-22　受访志愿者参与志愿服务的原因

单位：%

		个案百分比
参与志愿服务的原因	强烈的社会责任感,弘扬文明新风	79.5
	取得他人的认可和赞许	34.4
	希望发挥自己所长,实现自我价值	59.7
	学习新技能,丰富经验,自我成长	55.7
	广交朋友,拓展交际圈	25.9
	受他人影响	9.4
	消磨空闲时间	4.2
	其他	1.9

表6-23　受访志愿者参与志愿服务的收获

单位：%

		个案百分比
参与志愿服务的收获	为社会精神文明建设做出贡献	70.5
	结交了很多朋友	39.9
	发挥了自身的专业特长	55.9
	获得了成就感和满足感	43.2
	丰富社会经历,实现自身价值	54.5
	没有多大收获	5.2
	其他	2.4

二　新时代文明实践科技志愿服务存在的问题和困难

　　吉林各地借助新时代文明实践中心建设试点契机，科技志愿服务规模初具，成效初显，并积累了有效且可推广的经验。但志愿服务在国内远未形成风潮，在理念、实践和效果等多方面存在很多现实问题和发展困难。对新时代文明实践单位所在地公众和单位、志愿者的调查显示（见表6-24、表6-25、表6-26），单位和志愿者作为科技志愿服务的组织者、实施者，认为当前科技志愿服务存在的主要问题集中在资源整合力度、各类支撑和保障力度、宣传工作上，而公众作为科技志愿服务的对象，认为主要问题集中在队伍规模、宣传工作和活动吸引力方面。

表6-24　公众心目中科技志愿服务的问题及局限

单位：%

		个案百分比
公众心目中科技志愿服务的问题及局限	宣传力度小，人们对志愿服务活动了解甚少	45.6
	志愿服务队伍规模有限，未能形成社会总动员	53.2
	组织不到位，服务地点少，时间安排不适当	20.6
	服务活动形式单一，吸引力不够	31.6
	缺少志愿服务评价的手段或机制，服务质量提升困难	21.2
	其他	6.5

表6-25　科技志愿服务存在问题（单位视角）

单位：%

		个案百分比
当前科技志愿服务存在的问题	上级部门和组织重视不够，对设立新时代文明实践中心的政策落实不到位	41.3
	文化、教育、科技、宣传等各方资源和管理没有完全打通，资源整合力度不足	61.4
	各类支撑和保障力度仍显不足，限制文明实践工作质量的提升	51.0
	宣传工作有待加强，科技志愿服务意识有待提升	55.6
	科技志愿服务的形式需要进一步创新	43.2
	其他	6.6

表6-26　科技志愿服务存在的问题（志愿者视角）

单位：%

		个案百分比
科技志愿服务存在的问题	上级部门及组织重视不够，对设立新时代文明实践中心的政策落实不到位	34.4
	文化、教育、科技、宣传等各方资源和管理没有完全打通，资源整合力度不足	64.9

		个案百分比
科技志愿服务存在的问题	各类支撑和保障力度仍显不足,限制文明实践工作质量的提升	43.9
	宣传工作有待加强,科技志愿服务意识有待提升	43.9
	科技志愿服务的形式需要进一步创新	33.0
	其他	3.5

(一)资源整合力度有待进一步提升

虽然试点县（市、区）已在资源整合方面下了大功夫，但目前各方面资源整合的水平仍对文明实践工作的进一步开展有所制约。文化、教育、科技、宣传等工作分属不同部门管辖，资源和管理没有完全打通，实际运行中有效供给不足、供需错位等现象仍然存在，各系统、各部门资源分散、各自为战的情况还较普遍，严重制约各领域资源的效用发挥。如对志愿者的调查显示，志愿者所在队伍开展的科技志愿服务活动只有 11.2% 由医疗机构和科研院所组织，10.4% 由高校组织；科技志愿者群体人员构成调查结果也显示，队伍中一线科研人员和知名专家学者的比例仅占 33.3%（见表 6 - 27）。这表明，当前在科技志愿服务各细分领域，如教育、医疗卫生、农业技术、安全防灾等，各主管部门及其下属单位还没有被充分调动起来，对科技志愿服务的参与程度不足，引领作用缺失，科研人员、科技设施等相关资源也远未得到高效整合和充分利用。科技志愿服务最终要形成社会广泛且自觉参与的态势，仅靠文明办、科协、社区等少数力量无法支撑，新时代文明实践的其他参与部门需进一步增强意识、提升效率、完善合作机制，以自身的积极表率为非政府的社会力量融入科技志愿服务大潮提供示范和借鉴。

表 6 - 27 科技志愿者群体人员构成

单位：人，%

		人数	百分比	累积百分比
有效	其他群体	233	55.0	55.0
	高校学生	50	11.8	66.7
	一线科研人员	103	24.3	91.0
	知名专家学者	38	9.0	100.0
	合计	424	100.0	

（二）要素支撑力度不足

虽然新时代文明实践中心建设已成为各级党委的重点工作，但目前各类支撑和保障力度仍显不足。尤其是资金方面，对新时代文明实践中心科技科普服务单位工作主要困难的调查显示，"资金不足，缺乏保障"是各级各类单位反映最多的工作困难，合计有 73.7% 的受访单位表达出受制于资金短缺（见表 6 - 28）。不仅区县、乡镇（社区）和村（居委会）级资金支持成为一个普遍性难题，调查数据显示，仅有的 5 家市级受访单位中就有 4 家表示资金支持状况不乐观，占比高达 80.0%，而区县、乡镇（社区）和村（居委会）级单位中这一比例也分别高达 76.9%、69.6%、81.0%。

表 6 - 28 受访单位反映存在的主要困难

单位：%

		个案百分比
主要困难	上级部门和组织重视不够,人们对科技志愿服务的理解不深	39.4
	社会上科技志愿服务组织太少,缺乏有效的管理	57.9
	资金不足,缺乏保障	73.7
	对志愿者权益的保障比较欠缺	46.3
	没有明确的奖励机制	40.9
	其他	6.2

各级党政组织普遍缺乏新时代文明实践的专项资金，特别是部分欠发达地区和偏远农村，根本无力支撑此项工作。由于缺乏资金，各类可用于文明实践科技志愿服务的场所、设备等可能存在破旧失修、功能单一等问题。相关志愿服务人员的奖酬和表彰也受到限制，从长远看，要素支撑不足严重限制文明实践工作质量的提升。

（三）宣传工作有待加强，志愿服务意识有待提升

许多试点县（市、区）打造了包括县级融媒体中心、网站、两微一端甚至是短视频平台在内的新媒体传播矩阵，但传播效果一直欠佳，在网上传得开、推得广的活动和项目不多，未在群众中形成足够的影响力，未能调动群众主动参与的积极性。很多新媒体更多只是作为一种宣传手段的机械式补充和复制，内容并未结合媒介特色，因此传播效果差强人意。调查显示，受访单位每年吸纳公众成为新时代文明实践倡导、传播和践行者的人数在 100 人及以下居多，甚至有15.8% 的单位表示目前还没有吸纳公众（见表 6 - 29），一定程度上表明当前科技志愿服务的宣传工作不够到位。

表 6 - 29　受访单位每年吸纳公众成为新时代文明实践的倡导者、传播者、践行者的人数

单位：家，%

		单位数量	百分比	累积百分比
有效	目前还没有	41	15.8	15.8
	1～50 人	136	52.5	68.3
	51～100 人	31	12.0	80.3
	101～200 人	25	9.7	90.0
	201～500 人	11	4.2	94.2
	501～1000 人	3	1.2	95.4
	1001 人及以上	12	4.6	100.0
	合计	259	100.0	

　　除此之外，在座谈访问中课题组发现，部分新时代文明实践中心工作人员和科技志愿者志愿服务意识不足，工作只停留在被动服从行政命令的层面上，难以做出成绩。部分领导对"提高人的综合素质，提高社会文明程度"这一工作主旨理解不到位，容易使文明实践流于表面形式，实效缺乏。

　　这主要由于志愿者队伍还存在两个方面的问题：一是以行政化志愿队伍为主，表现为运用行政力量组建志愿服务队，社会化专业性的志愿者队伍不足，整体服务水平不达标；二是缺乏专业的人才引领，表现为志愿者在其服务领域并不具备较高的知识素养，同时又缺乏培训，致使志愿服务实效差，难以满足需求，无论是对文明建设还是乡村振兴的实际促进作用都有限。

　　目前新时代文明实践中心建设已经具有了较为多样的活动载体，但多数仍以传统的宣讲、培训、表演为主，形式略显老套，如讲课形式的活动，对于群众来说既有些生硬无聊，还会占用日常劳作时间，难以产生吸引力。在农村开展文明实践若要增强对基层群众的吸引力、影响力，就必须挖掘出更多让群众喜闻乐见的活动内容和形式。

　　对科技志愿服务的理想频率调查结果显示，有49.3%的受访者表示每月参与相关服务活动的理想次数为2次及以下，有43.0%的受访者认为是3~4次，而认为次数应该在5~8次和9次及以上的受访者累计仅占7.7%（见表6-30）。绝大部分群众并未展现出频繁参与科技志愿服务活动的意愿，这一定程度表明当前科技志愿服务对群众的吸引力、与群众需求的契合度等方面仍有较大提升空间。

　　在课题组的座谈访问中，农安县科协反映，下基层调研农民需求时，发现部分农户健康卫生、科学作业意识都较差，对志愿服务不明所以，甚至有排斥心理，这体现出基层志愿服务活动开展的两个方面

表6-30 受访公众认为科技志愿服务活动每月的理想次数

单位：人，%

		人数	百分比	累积百分比
有效	2次及以下	328	49.3	49.3
	3~4次	286	43.0	92.3
	5~8次	37	5.6	97.9
	9次及以上	14	2.1	100.0
	合计	665	100.0	

问题：一是部分农村群众文明和科学思想意识欠缺，对在农村开展新时代文明实践工作的必要性认识不足，这也凸显出大兴新时代文明实践科技志愿服务的必要性；二是新时代文明实践科技志愿服务工作与最基层农户的联系沟通不够紧密和畅通，对群众需求和喜好把握不到位，志愿服务工作精准性还有待提高。

三 对策与建议

（一）进一步完善科技志愿服务工作机制

针对资源整合力度不足、支撑单位参与不够的问题，吉林在科技志愿服务推广实践中仍需进一步关注志愿服务工作机制的完善和创新。各级党委政府要自上而下持续加强对志愿服务推动社会治理体系现代化重要意义的认知，须将志愿服务作为一项基本的重头工作，完善相关条例和意见，拓展参与支持的政府部门范围，尤其要完善组织动员、协商沟通、财政保障、奖励激励等方面的规定和办法，加强对实际实施效果的定期跟踪和评估，全面激发卫生、农业、应急等部门参与志愿服务的积极性和主动性。

（二）在合理范围内全力保障科技志愿服务的要素需求

志愿服务文化在我国尚未广泛普及，尽管近年来逐步被政府视作社会治理的重要组成部分，所获支持日渐有力，但整体来看，资金、设备等物质要素短缺仍是制约志愿服务进一步拓展的重要因素，尤其是在经济发展水平有待提升的省份和偏远困难的农村地区。科技志愿服务的蓬勃发展绕不开合理的、强有力的投入支撑，要进一步完善以项目为引领的财政资金投入制度，逐步建立政府和民间合作共建的多元投入渠道机制，推动科技志愿服务向专业化、优质化升级。

（三）进一步推进新型农民培训和新农村文化建设

在广大农村基层开展科技志愿服务，根本目的在于培育崇尚科学文明新风和培养高素质的新时代农民。在新时代文明实践中心建设和科技志愿服务推广中，要进一步注重弘扬科学精神和科学家精神，技能培训和理念养成并重，尤其注重对农村青少年和技术带头人、乡贤等重要人士的价值教育，引领农村基层科技文化的建设。

（四）强化需求导向，增强科技志愿服务活动吸引力和效果

志愿服务活动的精髓在于能否契合群众喜好、满足群众需求，最终取得改善民生、普及知识、传播精神的效果。基层的科技志愿服务应结合当地农村人口结构、地域文化、产业特色等元素，加强需求挖掘和把握，依据需求设计服务和活动项目，并适时进行调整改进，重视群众反馈，增强针对性和精准性。

第七章
宁夏科技志愿服务案例报告

尚甲 郑念*

中国科协是新时代文明实践中心建设试点工作的重要成员单位，自试点工作开展以来，一直积极探索将科协特点和优势有机融入新时代文明实践的路径。

作为国内科技志愿服务的践行主力，中国科协将大兴科技志愿服务作为推动新时代文明实践的重要举措，开创推进了科技志愿服务特色品牌"智惠行动"，广泛开展科技培训、科普赋能等科技志愿服务，在志愿服务的队伍建设、项目管理、供需改革、理念弘扬等多方面探索出有效路径，为国内科技志愿服务乃至志愿服务体系走向完善积累了宝贵经验。

本章通过对宁夏新时代文明实践科技志愿服务开展情况进行实地调查，试图摸清宁夏作为西部省份，其科技志愿服务积累的经验和成效，发现制约科技志愿服务进一步成长和生效的主要因素，并依据各方现实提出可行性建议。调研主要通过问卷调查、典型代表座谈、实地调查、人类学访问等方式展开。

一 宁夏回族自治区及其科技志愿服务
开展基本概况

宁夏回族自治区，东邻陕西，西、北接内蒙古，南连甘肃，面积

---

* 尚甲，中国科普研究所研究实习员，研究方向为科技传播、科普政策等；郑念，中国科普研究所副所长，研究员，研究方向为科技教育、科普评估理论等。

6.64 万平方公里，辖 5 个地级市，22 个县（市、区）。2019 年末，全区生产总值 3748.48 亿元，常住人口 694.66 万人，其中回族人口占 36.69%。近年来，宁夏经济社会得到长足发展，但由于地处西北地区，全区自然条件差异大，中部、南部地区发展缓慢，亟需调整社会发展各领域布局。结合科技创新能力和社会文明程度提升等"十四五"规划发展愿景，进一步发挥经济发展和社会治理中科技科普要素的综合效用，提升宁夏公民整体科学素质，形成崇尚科学的社会氛围，以形成长效可持续发展局面，需要大力倡导和发展科技志愿服务。

宁夏是中国科协新时代文明实践工作的挂点联系地方，2019 年以来，宁夏全面推开新时代文明实践中心建设试点工作。该项工作首先是得到了自治区党委、自治区政府的高度重视，相关部门多次出台新时代文明实践的管理办法和执行方案，确保相关工作能真正落地；多次召开新时代文明实践工作推进会，动员并推动各部门高效协商、通力合作；设计和规划各领域志愿服务项目，促进各系统资源盘活打通、有效下沉，并以各级党委"一把手"为示范，各行业、各地区能人专家为引领，以群众为依托，广泛建立起志愿服务队伍，包括各级各类科技志愿队。目前试点工作已在全区 22 个县（市、区）普遍推开，涉及 141 个乡镇 562 个村（社区）。

宁夏开展科技志愿服务的鲜明特色之一是紧密结合中国科协"3＋1"① 工作，充分发挥"三长"力量，推动科技志愿服务蓬勃发展。宁夏大力推动"3＋1"工作拓展落实，建立专项制度，坚持需

---

① "3＋1"中的"3"即"三长"人员，指基层卫生院院长、学校校长和农技站站长，"1"指加强上级科协指导。该项工作由中国科协于 2018 年提出，通过吸纳"三长"进入县及乡镇科协组织任职，旨在加强基层科协组织建设，深化科协系统改革，切实增强基层科协依靠科技工作者、动员科技工作者、组织科技工作者的能力和水平。

求导向，重视"三长"培训，深化宣传表彰，全方位、多角度促进"三长"工作在广大基层地域中深化拓展。截至 2019 年 11 月，宁夏 22 个县区 235 个乡镇（街道）均成立科协，县级科协兼职副主席 68 人，兼职乡镇（街道）科协副主席 677 人，其中学校校长 248 人、医院院长 225 人、农技站站长 204 人。目前全区已实现县、乡两级科协"三长"全覆盖，745 名基层"三长"很好地发挥了引领作用，推动开展科技志愿服务活动达 2000 余场，受益人数突破百万。

宁夏积极融入产业转型升级大潮，利用大兴基层科技志愿服务契机，依托有利自然条件，立足各地产业优势，开拓探索出特色农业、旅游观光、科普小镇等独具特色的可持续发展道路，并通过带动农民就业、土地流转、入股分红等多种方式引领农民脱贫致富，科技志愿服务蕴含的力量给基层群众真正带来看得见、摸得着的福祉。

二 宁夏科技志愿服务发展特色分析

（一）科技志愿服务初具群众影响力

要想了解科技志愿服务活动开展的真实效果，必须对科技志愿服务的对象即公众的认知和感受进行考察，因此本研究对公众认知中的科技志愿服务设施和相关活动进行调查。结果显示，在科技志愿服务设施方面，公众知晓率较高的设施包括科学书屋/书柜和科普展厅/文化站，分别有 50.3% 和 44.9% 的受访公众知道社区中有这些科技科普服务设施；其次是科普电子屏幕和科普画廊/橱窗，约有 1/3 的公众知晓；但同时也有 22.4% 的受访公众表示自己居住的村（社区）中没有上述设施（见表 7-1）。这表明宁夏在基层的科技志愿设施部署和建设方面取得了初步成效，绝大部分科技科普服务设施的公众知晓率超过 30%。志愿服务活动方面，公众知晓率较高的活动类型包括文艺演出、广场舞以及科技宣传和展览，知晓率分别高达57.9%、57.1%和54.1%。特别值得肯定的是，与文艺演出、广场舞这类轻松活泼的服务知晓率相比，科技宣传和展览服务的公众知晓率几乎不相上下，这在很大程度上表明宁夏基层科技宣传和展览开展推进情况较为扎实。只有在开展频率、宣传工作等方面真正下功夫落实，才能在公众感知中收获存在感和影响力。此外，作为重要科普服务细分领域的医学健康讲座、技能培训服务，其公众知晓率也达42.9%（见表7－2）。

在科技科普活动的公众参与意愿上，不愿意或者不清楚的受访公众仅占12.2%，且有累计占比62.8%的受访公众表示"比较"和"非常"愿意参与科技志愿服务活动（见表7－3），表明宁夏群众整体对科技志愿服务确实存在需求，也比较认同科技志愿服务的理念和形式。实际参与程度上，仅有30.6%的受访公众表示从未去过任何一级的新时代文明实践场所（见表7－4），也仅有8.1%的受访公众表示从不参加新时代文明实践的科技志愿服务活动（见表7－5），表明宁夏新时代文明实践试点工作在扩展覆盖面上初显成效，科技志愿服务具备了一定的群众基础，具有进一步拓展提升的可能。

表7－1 受访公众对科技志愿服务设施知晓情况

单位：%

		个案百分比
科技志愿服务设施	科普展厅/文化站	44.9
	科学书屋/书柜	50.3
	科普画廊/橱窗	33.0
	科普电子屏幕	35.1
	没有这些设施	22.4
	其他	3.4

表7-2 受访公众对科技志愿服务活动知晓情况

单位：%

		个案百分比
科技志愿服务活动	科技宣传和展览	54.1
	文艺演出	57.9
	广场舞	57.1
	医学健康讲座、技能培训	42.9
	知识竞赛	20.9
	棋牌、球类比赛	27.4
	书法、画画等兴趣小组	20.3
	其他	6.4

表7-3 受访公众对社区（村）科技科普活动参加意愿

单位：人，%

		人数	百分比	累积百分比
有效	比较愿意	646	33.5	33.5
	非常愿意	564	29.3	62.8
	一般	481	25.0	87.8
	非常不愿意	141	7.3	95.1
	比较不愿意	59	3.1	98.2
	说不清楚	35	1.8	100.0
	合计	1926	100.0	

表7-4 受访公众对新时代文明实践的参与程度

单位：%

		个案百分比
对新时代文明实践的参与程度	去过县(市、区)文明实践中心	31.6
	去过乡(镇)、街道文明实践所	40.2
	去过村(社区)文明实践站	45.6
	都没去过	30.6

表7-5　受访公众社区（村）活动参加频率

单位：人，%

		人数	百分比	累积百分比
有效	从不参加	156	8.1	8.1
	很少参加	865	44.9	53.0
	每月 2～3 次	514	26.7	79.7
	每周 1～2 次	279	14.5	94.2
	每天都参加	112	5.8	100.0
	合计	1926	100.0	

（二）科技志愿服务是新时代文明实践中心建设试点的重要内核

对宁夏五地的实地调研和座谈访问发现，当地新时代文明实践工作开展以来，已经在资源、阵地、人员、项目等方面较好地完成了多维整合、多方聚力的网络搭建工作，试点区形成了上下拓展、纵横融合、集约高效的文明实践矩阵，其中由宁夏科协主导的科技志愿服务工作在矩阵中可谓关键节点。

分析发现，宁夏科协组织推进科技志愿服务的最大特点，是能够做到清晰把握西部省域在社会发展水平和群众特色需求等方面的实际，发挥好地方科协和学会的组织优势，结合利用本土和外来专家能人智力资源，助力新时代文明实践中心建设。

具体来看，一是出台《2020 年宁夏科协助力新时代文明实践中心建设工作方案》等政策文件，调配350 余万元经费助力新时代文明实践建设，经费等物质基础是制约科技志愿服务效能的关键因素，宁夏科协作为西部地方科协，能在单一项目上投入如此体量的经费，可见其重视程度。研究表明，志愿服务自20 世纪80 年代在我国民间兴起，多年来已经由纯粹的民间行为，逐步演变为国家战略，受到各级党政领导的重视。①志愿服务近年来日益受到国家战略和政策重视，党政机关的统筹支持是志愿服务完善发展的基本条件，主要体现为政策引导保障和资源支持。政策体系包括法律对志愿服务的总体定调和引导，部门政策对志愿服务的组织部署以及具体措施对志愿服务落地实施，有了各级政策的规定和指引，相关的工作力量和资源就有了保障。宁夏科协的全力投入既体现出科技志愿服务在党政事务战略布局中地位的提升，也为其他地区科技志愿服务的发展提供了典型范例。

二是从基层需求和掌握资源的实际出发，建立完善包括人员管理、活动运行、供需对接、奖励激励和督查考核等在内的志愿服务管理机制，确保志愿服务资源高效利用，流程顺畅执行，服务切实精准。我国志愿服务长期存在行政化、松散化、表面化的倾向，领导机制不健全、不统一，活动开展不可持续，供需对接匹配度低，②严重影响志愿服务在满足群众需求方面的现实效果。而新时代文明实践中心一定程度上充当了宁夏志愿服务工作"总指挥部"的角色，形成了由各级党委一把手领头的志愿服务队伍架构，构建起"中心—所—站"三级的志愿服务组织和工作体系，大大解决了志愿服务低效、低质的痛点。宁夏各地科协及相关人员机构成为新时代文明实践中心的关键组织力量，科技志愿服务成为新时代文明实践的重要内核支撑。

（三）"三长"全覆盖或成为可推广的志愿服务组织经验

在中国，志愿服务的理念文化尚待进一步传播，志愿服务的组织管理也缺乏有效的实践模式，而宁夏将中国科协的"三长"工作部

---

① 谭建光：《中国志愿服务发展的十大趋势——兼论"十三五"规划与志愿服务新常态》，《青年探索》2016年第2期，第29页。

② 张勤、武志芳：《社会管理创新中社区志愿服务利益表达的有效性》，《理论探讨》2012年第6期，第18～19页。

署作为推进科技志愿服务的主抓措施，实现了辖区内县级科协"三长"全覆盖，"三长"成为基层科技志愿服务的中心枢纽，很大程度上解决了队伍建设不力、供需对接错位、资源保障不足等志愿服务工作的长期痛点。

通过查阅公开报道和实地座谈交流，本研究发现，宁夏科协在基层科普工作中始终重视抓好培训交流、清单管理、项目扶持，做好典型示范，促进上下联动，把科协工作融入了基层党群服务中心和新时代文明实践中心"两大阵地"，搭建联系服务、沟通交流、供需对接"三个平台"，建立吸纳、履职、保障、评估"四项机制"，全面推动"3＋1"工作落实落细。地方层面，以银川为例，全市现有乡镇（街道）科协52个，科协组织覆盖率100％。"3＋1"工作启动以来，科协主动联系动员"三长"进入基层科协组织，市、县、乡三级科协委员中包含"三长"220人，兼职副主席队伍中有"三长"113人，占比51％，"三长"成为基层科协领导班子的重要组成部分。

以"三长"为引领，大力推进科技志愿服务队伍建设。人力资源是志愿服务工作的核心资源，志愿者招募保证服务体系具备基本的体量和规模，在此基础上逐步向精细化和专业化升级。而目前现实中，基层地区尤其是西部偏远乡村，制约志愿服务进一步发展的重大因素之一正是相关人才缺乏，志愿队伍建设现状不容乐观。志愿队伍主要由青少年学生、党政干部组成，专业素养和志愿服务经验均较为欠缺，[1] 甚至会出现服务意识淡薄、责任心不强等问题。[2] 整体来看，许多基层地区志愿队伍规模小、专业性差。而宁夏借力"三长"工作的推行，在志愿者队伍建设方面重视解决规模和质量问题，"组织

[1]　胡元姣：《新时代文明实践中心建设背景下乡村志愿服务长效机制研究》，《改革与开放》2019年第14期，第84页。
[2]　张海鸥：《我国志愿者队伍发展的制约因素及其解决途径》，硕士学位论文，电子科技大学，2010，第12～13页。

动员"与"培训教学"两手抓，利用"三长"在各自专业领域内的影响力，带动招募各领域、各专业科技志愿者1.2万名，组建各类科技志愿服务队伍350余支，使更多的科技工作者投身志愿服务活动，扩大队伍规模的同时又保障了专业服务质量，着力形成全面覆盖、保质高效的科技志愿服务队伍体系。此外，还注重"三长"培训，推动科技专家成为"志愿服务专家"。志愿服务长远发展须以高素质的志愿者队伍为依托，因此在志愿服务理念、志愿活动必备须知、各专业领域技能等多方面探索开展系统化、持续化的培训，逐步培育高素质志愿者大军，是国内志愿服务进一步发展的必经之路。宁夏科协多次召开"3+1"工作培训会、座谈交流会和工作推进会，就乡村振兴、青少年科技创新大赛、科普志愿服务、科普中国落地应用、"三长"职责等具体内容进行培训学习。

坚持需求导向，立足"三长"日常工作强化科技志愿服务。供需对接的相关机制和实际效果是志愿服务发展中的重要议题，而"三长"引领下的科技志愿服务能够有效解决供需对接不到位的问题。"三长"作为最基层的科技工作者，对群众的需求、基层科技工作的难处等实际问题最有发言权。"三长"进入科协任职，能够将群众需求如实反映给掌握相关资源的科技志愿服务供给方，经过协商统筹，通过设立项目、完善流程、举办活动等途径精准满足群众所需，也很大程度上缓解了科协无法深入下沉的基层工作焦虑。新冠肺炎疫情防控常态化时期，兴庆区科协通过横向联合，开展有效实用的科普工作，2020年4月，通过区教育局邀请优秀教师授课，举办了累计4万人次收看的"新型冠状病毒的认识与了解"科普大讲堂。2020年5月，兴庆区科协基于掌政镇农村生产生活需要，联系兴庆区教育局、卫健局、农业农村和水务局，邀请18支科技志愿者队伍开展医疗健康、创业就业咨询、农牧林业技术指导等实用活动。

"三长"工作强化了科技志愿服务各方面的资源保障力度。志愿服务资源是志愿服务理论体系六大要素之一，其中资源的主要来源包括财政资助、企业赞助、社会捐助、个人支持等多元渠道。[①] 但在实际的基层志愿服务工作中，相关资源由企业赞助、社会捐助和支持的份额十分有限，而财政资金有时也会忽视志愿服务领域的需求，无法及时精准到位。基层长久以来苦于物质、智力资源等保障缺失，无法满足群众基本需求，也在很大程度上打击了志愿者的积极性。"三长"人员进入科协系统任职，有效带动科协资金、人力、设施以及稀缺的专家智力资源向基层倾斜，助力解决基层"四缺"，引进创新理念，突破发展瓶颈。银川市兴庆区畜牧水产技术推广中心主任孙红玲介绍，在进入科协任职后，各级科协多次协助其联系养殖种植领域杰出专家，引进示范项目，更新技术，探索现代化产业模式，在鲤鱼养殖和水稻、富硒瓜等种植上实现大幅增产增收。固原市西吉县医院与上海地区医院组建院士工作站，有效提升当地医院科研和临床能力，目前居民在当地就医比例近90%。

（四）"产业＋科普"科技志愿服务新思路直接助力经济社会发展

志愿服务的本质属性包括公益性、社会性、群众性，归根结底，宏观上，其目的在于实现国家、社会和个人的和谐发展；中观上，其目的在于作为现代社会治理体系的有机部分，提升社会治理水平和效能；微观上，其主要服务于公民个体自我完善、自我发展的朴素需求。在宁夏的调研发现，当地科技志愿服务不仅较大程度上满足了基层群众在健康、教育、日常生活等细微方面的民生需求，还通过融入产业发展，真正起到了提振就业、推动经济的实

---

① 谭建光：《中国特色的志愿服务理论体系分析》，《青年探索》2015 年第 1 期，第 34 页。

效，为新时期志愿服务提升社会治理效能、推动经济社会高质量发展提供了新思路。

课题组对银川、吴忠、固原、西吉、中卫等进行的实地调研发现，当地科协和其他相关部门合作，积极在产业转型升级过程中引进创新，涌现出各具特色的"产业＋科普"可持续发展模式。这种模式架起政府服务和市场服务的桥梁，将政府服务执行力强、公信力强和市场服务效率高、贴近需求的优势相融合，以科技志愿服务为先行，探索出志愿服务在社会治理格局中的新方位，或许值得进行更广泛推广。

所谓"产业＋科普"模式，就是将科普元素融入产业发展的研发、生产、销售等各环节，以科技志愿服务推动各环节的效率和质量提升，以达到产业升级和劳动者收入增加的效果。具体来看，固原市西吉县、中卫市沙坡头区柔远镇等地依托有利的气候、地形、水文条件，在当地科协的协调服务下大力开展技术引进、交流、培训等实用农技活动，以创新技术和高素质农民为基础打造特色种植棚园场。在农业新技术、新模式引领下，目前柔远镇蔬菜产业"产、加、销"三大车间综合产能达 2.2 亿元，吸收 1.2 万人在设施蔬菜产业链上就业，全镇农民人均收入的 40% 来自蔬菜产业。固原市西吉县吉强镇龙王坝村，依托中国最美休闲乡村名誉称号和国家级林下经济基地的资源优势，将科普元素全面融入游客在景区的吃住行各环节，打造科技与娱乐二合一的特色乡村科技馆，大力推行科普研学游等按人群类别划分的主题科普游览活动，形成了独特的科普小镇发展模式。2019 年龙王坝村接待游客达 18 万人次，收入 1800 万元，全村人均收入达 11200 元，并辐射带动周边 6 个乡镇 30 个行政村 1 万多贫困户投入绿色生态产业发展。银川市贺兰县稻渔空间生态观光园与金贵牡丹花乡田园综合体则将上述两种模式结合，探索出"特色农业＋科普观光"综合发展模式，贯穿一二三产的高附加值现代农业链条和广阔的实体园区，让消费者既可以购买、享受各种品类的优质农产品，也可以在园区内的不同区域开展深度科普教育。

宁夏各地将科普与产业发展相结合，为科技志愿服务的可持续发展提供了新思路。科普融入产业，不仅提升了农业发展的科技含量，增添了各类产品的文化价值，丰富了乡村旅游内容，推动各地产业转型和可持续发展。这种模式带动了当地贫困农民就业，以土地流转费、务工工资、土地入股分红等多种方式增加农民收入，摆脱贫困境遇；通过科普与文化活动在潜移默化中传播科技文化价值观，营造文明新风，提高农民综合素质，提升农民依靠劳动和经营改变命运的能力。

实践证明，科技志愿服务不仅只有如传统社区活动般单一的发展路径，志愿服务的公益属性并不妨碍其参与市场化和产业化发展。一方面，有效的科技志愿服务能为产业升级提供新技术、新理念、新产品等方面的智力支撑，培育更高素质的从业人员队伍；另一方面，企业等市场主体可借鉴志愿服务模式，通过提供各类志愿服务，承担社会责任，树立企业形象，扩大在群众中的影响力。

三　主要问题

（一）对科技志愿服务的保障仍不充分不平衡

以宁夏实际情况为例，不管是动员"三长"的队伍建设，还是整个场馆的阵地建设，其推进都需要实实在在的资源和项目支撑，才具备开展常态化志愿服务的物质基础。贫困乡村设施经费短缺，产业单一原始，发展基础薄弱，若不对其给予特别关注，很难让科技志愿服务下沉的红利惠及所有群众。目前，新时代文明实践工作在试点县

（市、区）推进较快较好，非试点地区尤其是贫困地区还没有跟上步伐，亟需总结经验，形成可复制、可推广模式，加快发展步伐。

此外，志愿服务的可持续发展也不能长期依靠行政力量托底，真正良性的志愿服务保障体系应该以政府和社会投入的合理配比、互补为特征，实际上，包括宁夏在内的大部分省份，其科技志愿服务资源保障力度不仅不足，还高度依赖行政化支持，社会多元支撑渠道亟待进一步拓展。

（二）科技志愿服务人才质量有待提升

科技志愿者、"三长"人员以及农技带头人等乡村"关键人物"的综合素质仍有待提高，由于自身成长和所处环境所限，他们在专业知识、服务理念和精神、管理技能等诸多方面均有较大提升空间。作为基层科技志愿服务的引领者和实施者，这些主体的综合素质直接关乎科技志愿服务活动的质量，关乎新时代文明实践、"三长"制等重要工作的实际成效。因此，亟需进一步加强对上述主体的培训提升。

（三）行政化组织与激励机制不完善的矛盾明显

志愿服务文化在基层尚不十分流行，相关的规范制度、行业标准、机制体制仍处在建立完善过程中，在经济欠发达的西部地区尤为如此，主动从事志愿服务的人群规模仍然体量偏小。因此现实中科技志愿服务主要由行政或准行政力量推动，如科协。虽然在基层通过各项重点工作大大促进了志愿服务队伍的发展壮大，但志愿服务始终属于政务中的"软性"工作，在政府部门绩效考核、奖评中的作用很小，长期被边缘化，没有受到实质性重视，缺乏足够的物质保障和有力的激励机制。

行政化的组织和推动机制在活动开展中可能具备执行力强的

优势，但从长期来看，相应的工作成效的考核评估、激励奖励机制没有跟上，甚至"强制志愿"影响到志愿者本职工作的情况也时有发生，对志愿者队伍规模的稳步维持和志愿精神的养成都十分不利。

宁夏科协副主席张晓玲介绍，现实中，基层教师参与科技志愿活动所获证明中大多没有教育部门相应签章，从事科技志愿服务对教师的职称评定、职业晋升毫无作用。类似的情况也广泛存在于其他职业领域。因此，没有科技工作者所属行业主管部门的认可，就难以吸收到专业的高素质志愿者，即便有高素质的个体主动从事志愿服务，也可能因为激励匮乏而逐渐退出。

（四）科技志愿服务活动的吸引力和参与度不足

调查显示，分别有 42.6%、38.5% 和 37.0% 的受访公众认为当前科技志愿服务活动数量少、种类少、内容单调（见表7-6），很大程度表明科技志愿服务活动的群众吸引力不足，群众满意度仍有很大提升空间。志愿服务活动长期缺乏吸引力，会严重影响群众参与的积极性，制约科技科普元素对文明实践、产业升级、人民幸福的提振作用。活动吸引力缺乏有以下原因。首先是对群众需求把握失准，个别基层领导干部思想认识不到位，缺乏全心全意为人民服务的意识，对群众需求冷漠忽视，在新时代文明实践工作、"三长"制工作以及产业发展中也没有形成完善的民需采集机制，造成对群众需求把握不当，自然无法满足群众期待。其次是活动内容质量不高，如在农技引进、交流、培训中无法提供最新技术、介绍先进经验，对农民的知识、技能、眼界没有起到实质性的提升和开阔作用，甚至可能占用正常的农忙时间，这样的服务活动为群众反感。最后是活动形式单一、老套，与基层群众的知识水平、接受习惯不相适应，观感沉闷、缺乏趣味的活动也会影响群众的参与积极性。

表7-6　受访公众认为科技志愿服务存在的问题

单位：%

		个案百分比
科技志愿服务存在的问题	组织活动很少	42.6
	组织的活动多,参与的人比较少	33.9
	活动种类偏少	38.5
	活动内容单调,不能吸引公众参与	37.0
	其他	9.3
	不知道	9.3

（五）科技志愿服务在价值引领、文明建设等高层次精神文明建设中的作用比较有限

建设新时代文明实践中心，是党为加强思想文化宣传和精神文明建设工作做出的一次重要部署，要着眼于凝聚群众、引导群众，以文化人、成风化俗，要发挥好理论知识宣教和文明价值引领作用。而综观目前基层的科技志愿服务，包括科技宣讲、技术培训、技术交流等在内的各类活动基本都以传授实用知识为主。虽然这是以解决群众最迫切、最现实的需求为出发点，但如果长期缺乏文化熏陶、价值引领导向的科技志愿服务，无法达到深层次的精神文明建设功效，对社会科学文明风尚、群众科学精神的树立助推作用有限。

四　对策建议

针对基层各项科技志愿服务相关工作的开展情况和局限困难，提出如下建议。

（一）加强志愿组织能力建设

志愿组织的能力建设包括资源汲取与整合、志愿者管理与供需对接等方面。首先要强化志愿服务的资源保障能力，从政府合理投入引导与社会协同合作两方面加强保障，政府进一步发挥好对志愿服务投入的引导示范作用，将各类物资资源合理分配至志愿服务发展的重点、难点领域，并通过设立基金等方式吸引社会资金成为志愿服务的中坚支持力量。其次要重视供需对接，摒弃以政府管理需求代替群众实际需求的传统志愿服务管理观念，进一步下沉基层、贴近群众，通过各种方便易行又高效实用的方式搜集民需，提供更实效的服务。

具体来看，加大宣传力度，全面贯彻落实习近平总书记提出的群团组织改革要"注重夯实群团工作基层基础"[①] 的指示精神，促进基层深入理解推进"三长"制的作用，明确试点工作的引领示范作用，充分利用"三长"进入科协任职后上能触达承接稀缺资源、下可识别把握群众需求的优势，发挥好枢纽与桥梁作用，认真总结本区域试点地区和产业发展突破地区的有益经验，积极探索规律，结合困难地区特殊实际，以更大的力度支持困难地区优先发展，真正落实科技发展的普惠性。

（二）重视志愿服务理念传播和实用技能培育

志愿者是志愿服务发展壮大的核心，要从对志愿者的动员、培训、督导等方面打造一支训练有素、专业能力强的常态化队伍。加强对基层科技志愿服务人员的教育培训，提升为民服务的境界和质量。从科协视角出发，以弘扬"奉献、友爱、互助、进步"的志愿精神

[①] 《习近平：牢牢把握群团改革正确方向 努力开创党的群团工作新局面》，人民网，http://jhsjk. people. cn/article/29496736，最后访问日期：2021 年 8 月 5 日。

和"爱国、创新、求实、奉献、协同、育人"的新时代科学家精神为目的，聘请经验能人、教授学者等行业专家，定期组织线上线下结合的培训班、交流会等，从专业技术、服务理念和技能、管理理念和技能等方面全面提升文明实践工作管理者、"三长"人员、产业带头人的综合素质。保证培训活动的参与度和质量，激发上述人员自我提升的主动性和积极性，确保培训效果，注重培育典型。在基层，有条件的地区也要逐步推广常态化、长效化培训，普遍提升科技志愿者的综合素质。

（三）寻求建设志愿组织长效机制

加强对科技志愿服务的倡导和激励，形成长效机制。建议综合运用广告牌、大屏幕、报纸、电视等传统媒体和智能手机等新媒体，制作一批公益宣传作品，全面加大宣传力度，激励动员科技工作者进社区、进乡村、进学校、进企业、进园区，逐步推动形成志愿奉献的社会风尚，以己所长开展志愿为民服务。加强各类奖项对基层科技志愿者的关注和奖励力度，科协系统要加强与卫生、教育、农业等重要部门的合作，推动出台跨系统互认的激励机制，对于热心参与扶贫济困、社区服务等各类志愿服务活动的优秀人员，可以在行业、部门奖励中给予互相认可，在精神表彰、职称评审、职务升迁上予以优惠激励。

（四）创新志愿活动实践形式

强化需求导向、问题导向、结果导向，提升科技志愿的吸引力和引领力。新时代文明实践中心的科技志愿服务应始终坚持科技为民的理念，处处落实以人民为中心的发展思想，创新运用多种方式知民需、行民盼、帮民困，将科技志愿的服务成果切实转化为惠民实效。如中卫市沙坡头区滨河镇新墩花园社区新时代文明实践所综合运用入户走访、"金点子"征集会、问需平台、楼长单元反馈制、社区网格巡查员和微信群等灵活多元的方式，形成高效、便捷、精准的民需采集网络。在从需求出发基础上，因民、因势、因能设计策划志愿服务活动，提供精准服务，解决群众当下关心的热点与焦点问题。同时加强对新兴传播技术、平台和内容呈现方式的学习借鉴，创新活动形式，以接地气的方式讲述最实用的内容。

第八章
北京延庆区科技志愿服务建设报告

严俊 赵菡 潘锐焕 戴爱兵 *

　　延庆区是全国新时代文明实践中心建设第一批 50 个试点地区之一，是全国 4 个直辖市中唯一一个试点区，更是位于首都的试点地区。延庆区充分挖掘区域资源和优势特色，边实践边总结，取得了阶段性进展，初步探索形成了具有首都特色的科技志愿服务"延庆样本"。为了解延庆区新时代文明实践中心的建设及科技科普志愿服务情况，课题组于 2020 年 8 月赴延庆区新时代文明实践中心进行实地调研，了解了试点区科技志愿服务建设的相关情况。

　　调研组结合问卷调研的形式，了解科技志愿服务单位、志愿者和公众对科技志愿服务的看法。问卷于 2020 年 8 月通过问卷星软件正式发布。发布期间通过新时代文明实践中心北京延庆 App 渠道进行了宣传推广，问卷回收情况如下：截至 2020 年 8 月 24 日，《新时代文明实践科技科普服务单位调查问卷》（对建设单位及科协等科技科普服务单位）共回收 75 份，其中有效问卷 75 份；《新时代文明实践科技志愿者调查问卷》（新时代文明实践科技志愿者）共回收 293

---

*　严俊，民主与科学杂志社高级经济师，研究方向为科技传播、科学普及等；赵菡，中国科普研究所博士后，研究方向为科普政策；潘锐焕，北京市科学技术研究院科技情报研究所助理研究员，研究方向为科技传播；戴爱兵，北京市科学技术研究院科技情报研究所网络服务中心主任/工程师，研究方向为信息技术与网络安全。

份，其中有效问卷 293 份；《新时代文明实践科技志愿服务公众调查问卷》（新时代文明实践中心所在区域的社会公众）共回收 399 份，其中有效问卷 399 份。共计回收 767 份。

调研发现，延庆区在文明实践中心试点建设和科技志愿服务中，呈现一系列新特点，在强化党建引领凝聚人心、"四个中心"贯通建设、盘活资源统筹志愿服务、满足基层公共服务需求等方面狠下功夫，打通了宣传群众、教育群众、关心群众、服务群众的"最后一公里"，形成了延庆区的特色做法。

一　北京市延庆区科技志愿服务工作扎实推进、成效明显

延庆区围绕志愿服务不断提升基层治理与村民自治的复合效应，健全完善延庆乡亲志愿服务体系以及三级联动的志愿工作格局，统筹区、乡镇（街道）、村（社区）三级志愿服务力量，还开设了"我志愿""志愿团体""活动发布"及服务项目招募报名、扫码计时、服务评价等栏目和功能，通过技术手段实现志愿服务与群众需求的精准对接。

延庆区先后为大庄科乡、张山营镇、延庆镇等乡镇、街道的 18 个新时代文明实践所挂牌，并陆续成立 423 个新时代文明实践站，77 个新时代文明实践基地，打造了一支 140 人的科技志愿服务队伍。在顶层设计上，聚焦思想引领，打破资源条块分割，认真谋划"一个核心、两项基本原则、三个目标"的贯通融合思路和路径，依托"北京延庆"App 手机端平台，助力新时代文明实践中心统筹资源，努力打造新时代文明实践中心、融媒体中心、政务服务中心和城管指挥中心"四个中心"贯通的"延庆"样本。在制度创新上，坚持问题导向、需求导向，出台了《延庆区深化拓展新时代文明实践中心

建设试点工作的实施方案》，从疫情防控到基层思想政治工作建设，从建设以人民为中心的精准化服务体系到完善"延庆乡亲"志愿服务体系，详细地安排了 5 大项、21 小项工作内容。为引导全区积极稳妥、富有成效地开展文明实践，延庆区还不断强化绩效考核，将新时代文明实践工作纳入月度点评会、年度党建考核和意识形态专项检查的重要内容，将基层党组织和群众满意度作为最重要的考核标准。

（一）科技志愿服务工作实施概况

1. 党建引领创新基层社会治理模式

为搭建党组织党员联系服务群众的桥梁，畅通群众利益诉求表达渠道，延庆制定了《关于推行党员联系服务群众网格化党建工作模式的实施意见》，对组织架构、职责、任务、推进方式方法等进行了明确。同时，延庆区还建立长效机制，提炼和归纳出乡亲议事"四步工作法"，要求各村、社区结合民情信息征集，做好日常"村民说事"；结合"六个一"工作任务，开展固定议事；结合"点亮微心愿"，诚心高效办事；结合民情信息大数据库，让群众评事。目前，乡亲议事已从面对面说，发展为"网格说""线上说""现场说"等新形式，引导村民从简单说事过渡到谋划村级发展。

此外，延庆区还充分发挥区、乡镇（街道）、村（社区）三级党组织的领导核心作用，用党的创新理论指导解决工作中遇到的具体问题，在解决群众具体问题的过程中加强思想引领。同时，构建了民情信息大数据库，出台《关于推动开展"办好群众身边关键小事"的工作方案》，建立健全新时代文明实践与"吹哨报到""接诉即办"等基层治理工作的协调联动机制，以未诉先办的暖心成效切实增强群众的幸福感、获得感。

区级党政机关、企事业单位充分发挥自身优势，成立专业志愿服务队伍，纳入新时代文明实践工作体系，与本职工作相结合，依托

"点单派单"服务平台下沉到村（社区），常态化开展志愿服务活动，为基层公共服务提供重要补充。

乡镇（街道）结合自身建设规划和发展需要，培育和支持各类特色志愿服务队伍发展，培养志愿服务带头人，加大资金和政府购买服务支持，使其成为本地区产业振兴、生态环保、文化建设、社会服务、重点群体帮扶的有生力量。

村（社区）围绕党政中心工作，以志愿服务为主要方式，组织动员群众参与理论政策宣传、道德宣讲、文明倡导、社会综合治理、环境美化、邻里互助、文化休闲等活动，在文明实践过程中实现群众自我组织、自我服务、自我教育、自我管理。

2. 实现"四个中心"贯通，提高基层服务能力

延庆区通过开发"北京延庆"App，积极推进融媒体中心、政务服务中心、新时代文明实践中心贯通融合和城管指挥中心的"四个中心"融合贯通，为延庆区融媒体中心提供了新闻宣传、舆论引导和融媒体产品发布的专有渠道；也为新时代文明实践中心提供了组织管理、志愿服务、群众参与、点单派单的功能入口；为政务服务中心提供政策发布、便民服务的新窗口；为城管指挥中心提供接诉即办、基层统筹、社会治理的新渠道。"四个中心"贯通发展为延庆区科技志愿服务活动的有效开展搭建了综合信息平台，成为对接公众诉求和区内各类资源的重要桥梁和支撑，大大提高了基层服务能力和效率。

3. 乡村振兴初见成效

乡村振兴战略是新时代"三农"工作的总抓手，也是新时代文明实践科技志愿服务工作的重要内容。如何利用有限的资源、有限的劳动力、有限的技能，来实现农民增收、低收入户增收，是镇村两级头等大事。前山村通过多项措施、多项渠道解决了"帮扶谁，谁来帮，怎么帮"的问题，真正实现了"帮到人，帮到位，帮出成效"，在低收入农户增收上走出了"前山模式"的致富路，通过打

造菊山谷，盘活树基地，发展高端民宿，建设养老餐桌等一系列措施，带动农民增收，村级发展实现了由"输血"到"造血"的转变。

4.统筹盘活资源，构建点单派单资源统筹平台

依托新时代文明实践站建设，延庆区在盘活资源、发挥志愿队伍作用方面下功夫，收到了大成效。新时代文明实践站聂庄村盘活闲置库房，让大家活动有场地。将其装修成"三微、五室、一家、一讲堂"志愿服务平台，"三微、五室、一家、一讲堂"，即微博、微信、微课；党员学习室、村民电教室、益民图书室、村级卫生室、矛盾调解室；村民之家；道德大讲堂。在场地建设中，聂庄村特别注重以"走进新时代"为主题，注重以文化人育新风，在有限的空间制作了宣传展画"党的光辉历程"，党的"一大至十九大大会主题及主要内容"及"两个一百年"的奋斗目标得以生动呈现。村民想学一些业务知识，村里就积极与文化站、社保所等部门沟通，为村民开展电商知识、灯笼制作、衍纸画、葫芦烙烫、电工等技能培训，截至目前已有200多人次参加培训，村里的助乐、助洁、助教、助医、助餐等志愿服务也已常态化开展。

（二）问卷调查结果

1.公众对科技志愿服务的态度和评价

（1）公众对新时代文明实践科技志愿服务了解程度高

新时代文明实践科技志愿服务对公众的吸引力很大，公众对科技志愿服务很感兴趣。新时代文明实践中心所在区域的社会公众中，对科技志愿服务"非常了解"和"比较了解"均占比37.34%，大部分公众对这个服务了解程度较高；21.30%的公众对新时代文明实践科技志愿服务了解情况为"一般了解"；仅4.01%的公众表示"不了解"（见图8-1）。

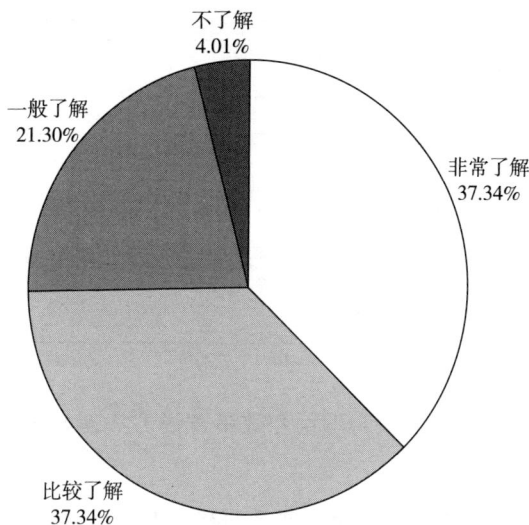

图 8-1 公众对新时代文明实践科技志愿服务了解情况分布

（2）公众喜欢的理论政策宣讲方式很多元

公众喜爱的理论政策的宣讲方式较为多元，不同年龄的公众对于理论政策的宣讲方式有明显偏好。公众喜欢的理论和政策宣讲方式为"群众宣讲会"（55.39%）、"寓理论宣讲于文化娱乐节目中"（54.89%）、"微信短文或短视频"（54.39%）、"寓理论宣讲于各类技术和专业培训中"（51.63%）、"课堂教学"（39.85%）和"其他"（2.01%）（见图8-2）。40岁以下的年轻人更偏好课堂教学和寓理论宣讲于文化娱乐节目中，40岁以上的年长者更喜欢微信短文或短视频、群众宣讲会和其他宣讲方式（见图8-3）。

（3）公众对新时代文明实践科技志愿服务活动参与度较高

公众对延庆区新时代文明实践科技志愿服务有着较高的关注和参与度。从参加情况统计结果来看，"经常参加"和"有时参加"的公众比例分别为49.62%和40.10%，90%左右的公众参加过新时代文明实践科技志愿服务活动。"未参加过"的公众比例只占10.28%

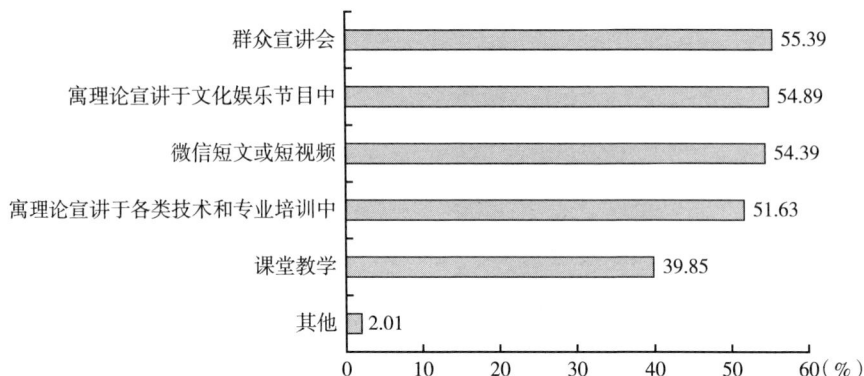

图 8 - 2　公众对理论和政策宣讲方式偏好分布

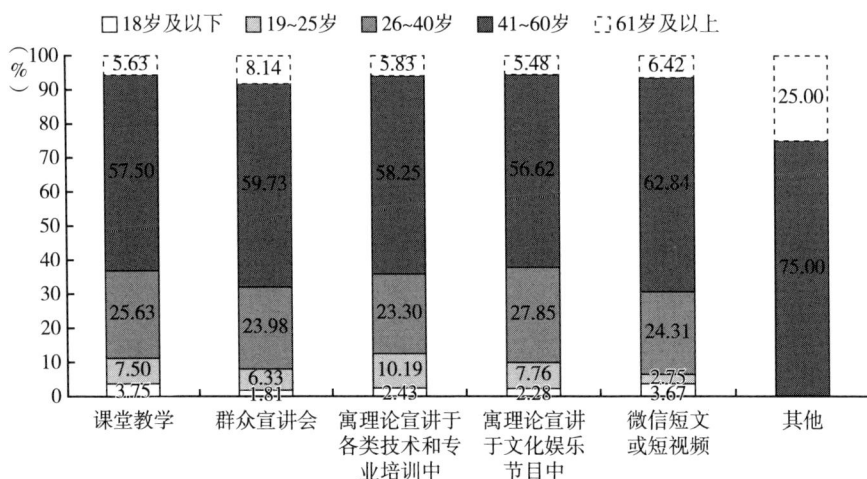

图 8 - 3　不同年龄段公众对理论和政策宣讲方式偏好分布

（见图 8 - 4），究其原因，公众反映说主要是工作忙，没时间参加。

对科技志愿服务形式调查发现，公众偏好的科技志愿服务形式依次为"卫生健康服务"（68.17%）、"应急安全技能培训"（61.65%）、"实用技术推广"（59.90%）、"科学辟谣及反伪科学反封建迷信"（38.85%）、"青少年科技活动指导"（35.09%）和"其他"（2.76%）。与年龄交叉分析发现，40 岁以下的青年人更偏爱

"实用技术推广"和"卫生健康服务"，40岁以上的年长者更喜欢
"卫生健康服务"的科技志愿服务形式（见图8-5）。

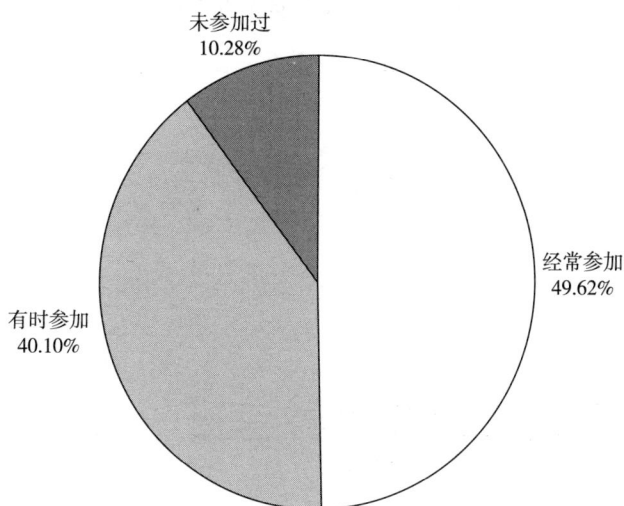

图8-4　公众对本村（居）新时代文明实践科技志愿服务活动的参加情况

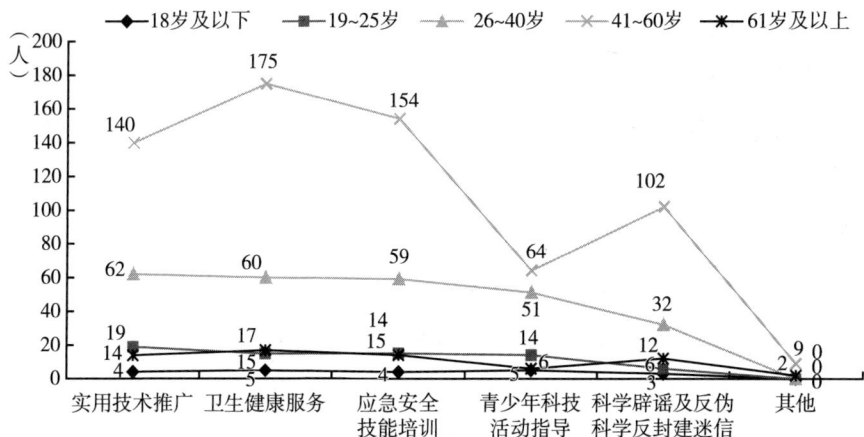

图8-5　不同年龄段公众对科技志愿服务活动的偏好分布

公众对科普报告、学术讲座、人员培训、农技服务、"大手拉小手"等多种形式的科技志愿服务活动每个月开展的次数需求依次为

195

"3~4次"（48.27%）、"2次及以下"（44.80%）、"5~8次"（5.45%）、"9次及以上"（1.49%）。与年龄交叉分析发现，41~60岁年龄段的公众对科技志愿服务有更强烈的需求（见图8-6）。

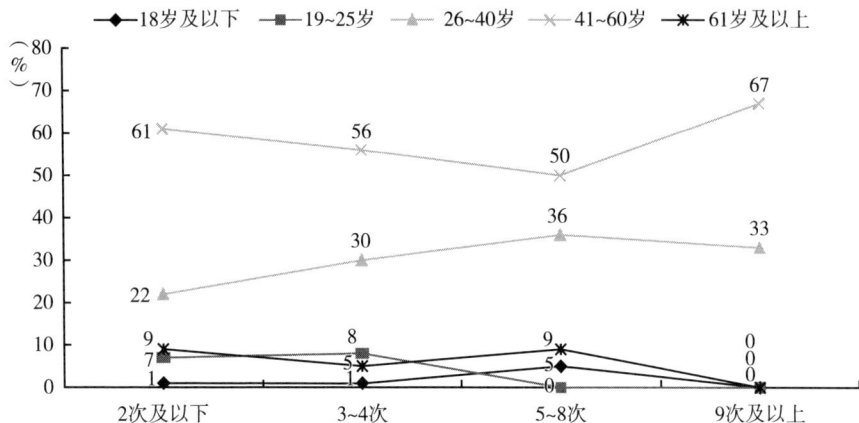

图8-6 不同年龄段公众对科技志愿服务活动每个月
开展的次数偏好分布

（4）公众很满意科技志愿"点餐"服务

针对参与"你点菜、我埋单"新时代文明实践中心科技志愿服务项目的调查显示，使用"菜单"及"点餐"服务的共计189人。其中，189人对科技志愿"点餐"服务都表示满意，其中，"非常满意"和"满意"分别占58.20%和37.57%，"一般满意"仅占4.23%，公众对"点餐"服务满意度较高（见图8-7）。

（5）公众总体上对科技志愿服务支持度很高

大部分公众表示对科技志愿服务"非常支持"（64.29%）和"较支持"（24.83%），10.88%的公众选择了"一般支持"，没有人选择"不支持"（见图8-8）。公众对科技志愿服务支持度很高，对科技志愿服务有着较高的需求，也从侧面反映了科技志愿服务的服务水平得到认可。

一般满意
4.23%

满意
37.57%

非常满意
58.20%

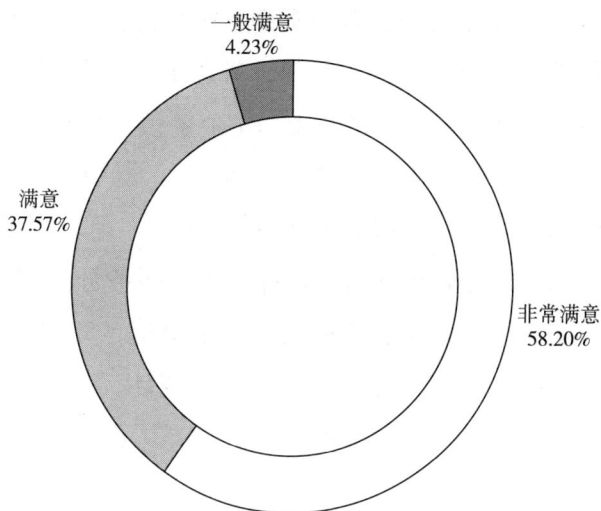

图8－7　公众对科技志愿"点餐"式服务满意情况

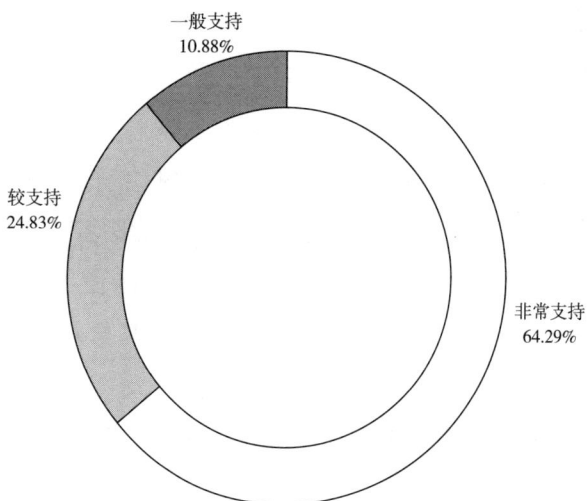

一般支持
10.88%

较支持
24.83%

非常支持
64.29%

图8－8　公众对科技志愿服务工作的支持情况

2. 科技志愿服务志愿者队伍建设情况

延庆区级成立新时代文明实践志愿服务总队，乡镇（街道）成立文明实践所志愿服务队，村（社区）成立文明实践站志愿服务队。

鼓励全民参与志愿服务活动，着力提高和扩大志愿服务参与度和覆盖面。区科协积极统筹市、区优质资源，打造了一支由 140 人组成的科技专家志愿服务团队。同时，在全区 18 个乡镇、街道成立 6 支科技志愿服务分队，按需点单、派单，形成区、街道（乡镇）、社区（村）三级统筹联动，共同推进科技服务工作。延庆区科协还采取"固定＋灵活对接"的服务模式，为每个志愿服务分队固定搭配一名区级志愿服务员，其他队员按实际需求灵活对接，充实基层科技服务人员力量，使科技与科普工作落到实处。据统计，截至目前，延庆区科协在全区累计组织各类活动 200 余场，受益人群 3 万人次，在区内形成了浓厚的科技氛围。

（1）科技志愿服务队人员构成主要是村民、村委和在职科技人员

延庆区在区志愿服务总队下成立科技志愿服务队伍，组织动员科技工作者，特别是以基层科协"三长"为代表的广大基层科技工作者注册成为科技志愿者，成立专业志愿队伍。"三长"是基层分布最广泛、渠道最通畅、专长最实用、联系群众最紧密的人员，他们有着丰富的资源，更有丰富的基层工作经验和百姓语言。通过他们，区科协组织建成了"下接上攀中联"的枢纽，带动医疗、教育、农业等资源向基层倾斜，让科协组织真正扎根基层、接长手臂、形成链条。对受访科技志愿者群体人员构成统计发现，"其他群体"占比最大，为 72.11%，主要是村民、村委和在职科技人员，"一线科研人员"（13.61%）、"知名专家学者"（8.50%）和"高校学生"（5.78%）共占比不到1/3（见图 8 - 9）。

（2）科技志愿服务项目主要组织机构为政府部门和党工委、团组织及民间组织

2019 年 9 月 6 日，国务院公布《志愿服务条例》，对志愿服务组织系统明确规定，国家鼓励和支持国家机关、企事业单位、人民团体、社会组织等成立志愿服务队伍开展专业志愿服务，鼓励和支持具

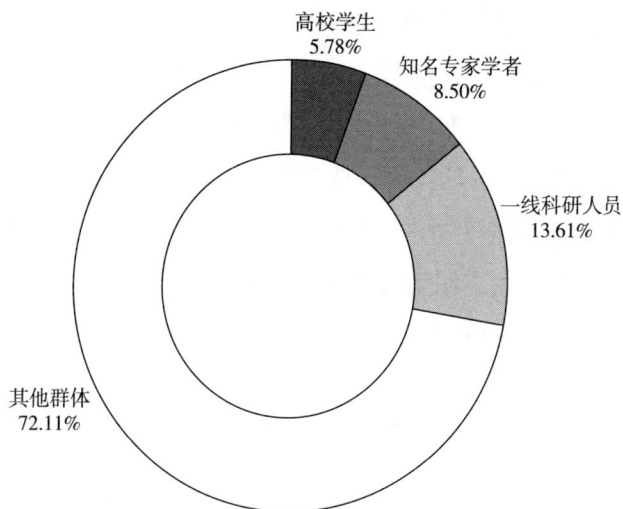

图 8-9 科技志愿队伍人员构成情况

备专业知识、技能的志愿者提供专业志愿服务。科技志愿服务项目主
要机构组织引导情况调查发现，"政府部门"（58.50%）、"党工委、
团组织"（36.05%）和"民间组织"（34.55%）占比较高，而"学
会、协会等行业社会团体"（16.33%）、"其他"（14.97%）、"医疗
机构、科研单位"（13.27%）占比相差不大，相对较低，"高等院
校"最少，占比为2.38%（见图8-10）。

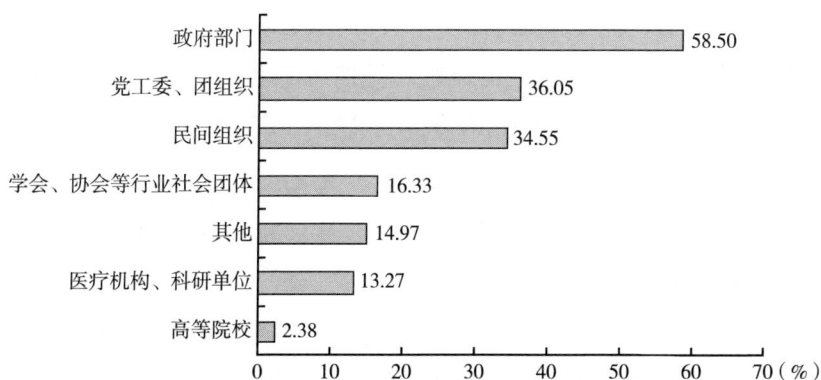

图 8-10 主要机构组织引导分布情况

（3）科技志愿者从事科技志愿服务的运行机制及保障

为进一步强化科技志愿服务队伍建设，明确科技志愿服务目标任务与工作要求，切实地推动科技志愿服务工作的开展，延庆区对志愿者进行系统的培训。对延庆区科技志愿服务队培训内容情况调查发现，"从事志愿服务的基本知识"（80.61%）、"从事志愿服务所需的专业能力"（55.10%）和"明确志愿者的责任与相关权利"（51.02%）比例较高，"没有相关培训"占比很少，为8.50%（见图8-11）。

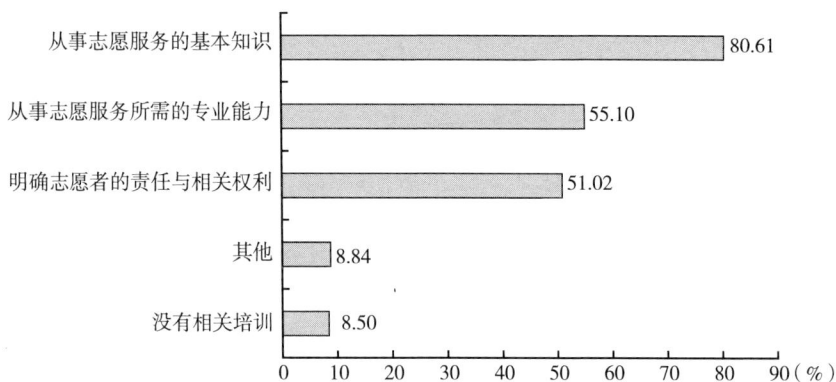

图 8-11　科技志愿者培训内容

我国还没有出台有关志愿服务的相关法律，为志愿者的权利和义务提供法律依据，但全国已有19个省份相继出台了相关地方性法规，其中很多都明确可给予志愿者补贴。科技志愿者对科技志愿服务项目执行期间补贴和报酬的态度调查结果显示，37.07%的受访者认为"在报销的基础上应有适当报酬"；33.33%的受访者认为"不需要任何补贴和报酬"；29.59%的受访者认为"只需要报销与项目相关的开支"（见图8-12）。

为确保志愿服务时间记录的真实精准，规范完整的志愿服务时间记录至少包括几项基本要素：服务时间、地点、服务人、服务内容、贡献服务时间。同时，建立、完善科技志愿工作保障机制，志愿服务

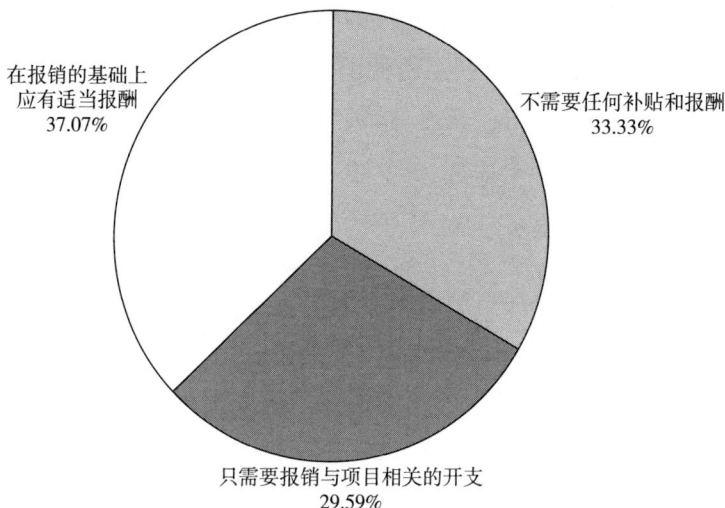

图 8 - 12　科技志愿者对科技志愿服务项目补贴和报酬的态度

系统使用的记录汇总要素情况显示，"活动内容"（82.99%）、"服务时长"（80.61%）和"人员注册"（76.19%）的比例较高，"评价反馈"还不到一半，比例为 42.86%，"其他"占比 7.14%（见图 8 - 13）。

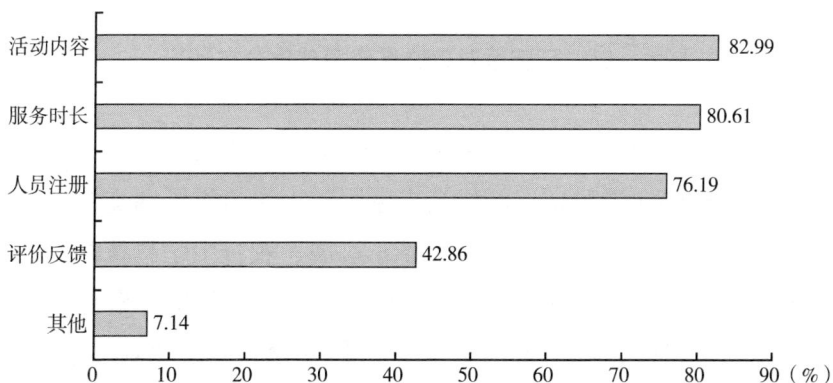

图 8 - 13　科技志愿者在志愿服务系统使用的记录汇总要素分布

3. 科协在科技志愿服务中发挥的作用

（1）地方科协是对口联系资源的"主力"

为确保试点县（市、区）原则上不少于 1 家全国学会对口联系服务，延庆区原则上应有不少于 1 家省级学会或高校科协或企业科协的对口联系服务。对延庆区对口联系资源单位分布情况调查发现，"地方科协"占比最高（77.33%），"企业科协"为32.00%，"高校科协"为26.67%，而"全国学会""省级学会"占比较低，是对口联系资源最少的，占比均不到地方科协的 1/3（见图 8 – 14）。

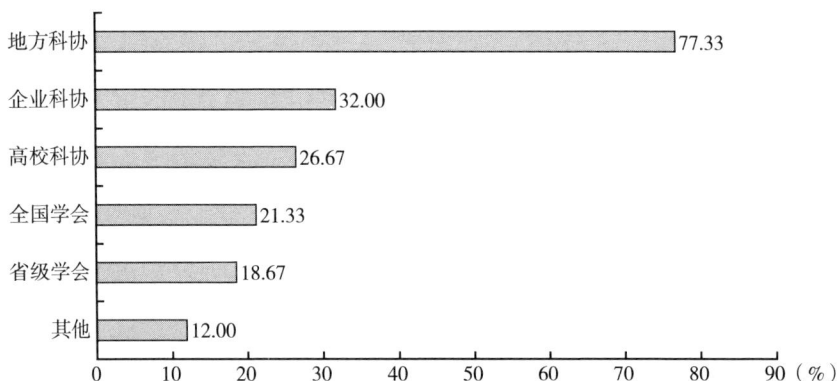

图 8 – 14　延庆区对口联系资源单位分布情况

（2）科普活动室和科普教育基地是主要科普设施

延庆区科协加强对试点区科技志愿服务工作的指导和支持，将区域内科技馆、流动科技馆、科普大篷车巡展、农村中学科技馆、科普中国 e 站、科普活动室（站）、科普教育（示范）基地等资源打通盘活，充分支撑延庆区科技志愿服务队伍开展工作。"科普活动室（站）"（68.00%）、"科普教育（示范）基地"（48.00%）占比相对较高，而"区域内科技馆"和"流动科技馆"基本持平，分别为34.67%和32.00%，"科普中国 e 站"、"农村中学科技馆"和"科普大篷车巡展"占比相对较低（见图 8－15）。流动科技馆或科普大篷车巡展覆盖率较低，覆盖率在 50% 以下的地区占到一半左右（46.67%）（见图 8－16），效果不佳。

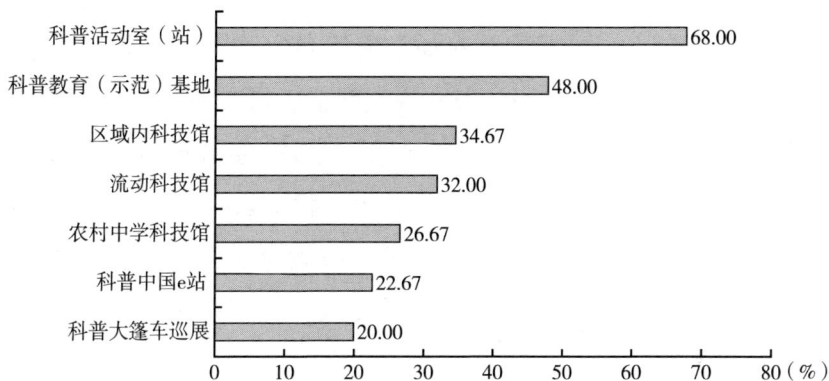

科普活动室（站）　68.00
科普教育（示范）基地　48.00
区域内科技馆　34.67
流动科技馆　32.00
农村中学科技馆　26.67
科普中国e站　22.67
科普大篷车巡展　20.00

图 8－15　科技科普服务打通盘活资源分布

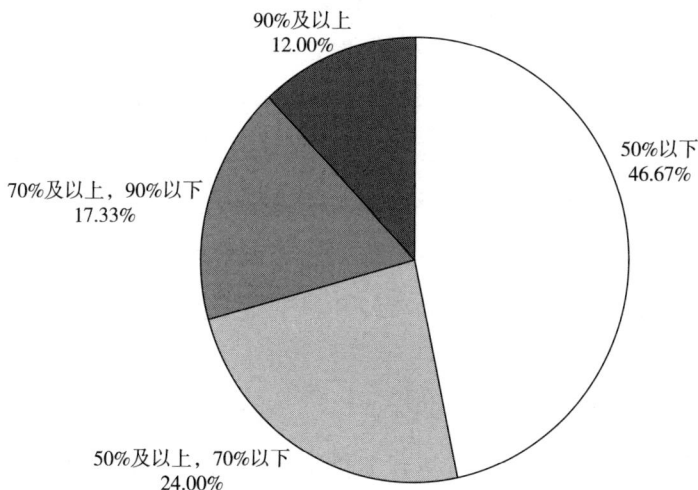

90%及以上 12.00%
70%及以上，90%以下 17.33%
50%以下 46.67%
50%及以上，70%以下 24.00%

图 8－16　流动科技馆、科普大篷车巡展的覆盖率情况

（三）典型经验及做法

1. 实行文明爱心积分制度，加强志愿服务扶持激励

开办文明爱心超市，开展文明爱心积分兑换，把志愿服务和文明素质提升结合起来，根据群众参加志愿服务（含学习培训）时长和文明评议结果计算积分，引导群众说文明话、做文明事、认真参加学习、积极参与志愿服务。落实《延庆区星级志愿者评定与嘉许礼遇办法（试行）》，在全社会营造"我参与、我奉献、我快乐、我光荣"的志愿服务氛围。通过政府购买服务、政策资金扶持、骨干人才培养、典型榜样引领、优秀项目孵化等方式，促进全区志愿服务专业化、项目化发展。

2. 依托专家、学会开展科技志愿服务活动

（1）百村（社区）科学素质提升行动主动送

为深入贯彻落实《全民科学素质行动计划纲要（2006—2010—2020年)》，进一步普及自然科学和社会科学知识，提升延庆区群众科学素质，延庆区围绕15个乡镇3个街道所有村和社区分3年开展推广科学技术应用活动，2020年主动送150个村和社区百村科普下乡活动。通过开展科普知识讲座、有奖现场互动答题、科普微信平台宣传引导、人体健康测试、科学素养问卷调查及科普宣传资料发放等活动推动群众科学技术知识的普及和科学素质的提升。

（2）科技"套餐"惠民

自延庆区成为新时代文明实践中心建设试点地区以来，区科协统筹各类资源，充分利用各方平台，推动新时代文明实践科技志愿服务队走村、入社、进校园，派送出一系列科技"套餐"，让青少年接触到他们感兴趣的科技知识，让农民获得增收致富的技术法宝，让社区群众学到各类实用技艺等，打通科学技术普及服务的"最后一公里"，让广大群众受益。

此外，延庆区科协还在重点乡村组织知识讲座，为低收入群体培训农业技术。依托康庄镇北菜园蔬菜种植基地、张山营镇艾药园、井庄镇王木营蔬菜种植基地等重点农业基地，在附近各村共举行了 50 余场实用农业技术培训，提升当地群众的农业种植技术，提高了农产品质量和产量，为农民增收及改善生态环境做出贡献。

（3）新冠肺炎疫情防控常态化时期，推广科普宣传知识

2020 年，延庆区科协围绕未成年人思想道德建设，依托"科普中国"权威科普品牌，结合新冠肺炎疫情防控和延庆区科普工作实际，通过线上科普，在新冠肺炎疫情防控常态化时期持续推广权威科普知识，向社会提供科学、权威、准确的科普信息和相关资讯。针对青少年及家长，持续在"延庆科普"微信公众号每天发布 4 篇疫情防控、科学辟谣等科普文章，每月发布 2 篇未成年人思想道德建设相关文章，如《图说如何关注和正确引导青少年身心健康》等。共发布相关科普宣传文章 100 篇，阅读量为21400 人次。

延庆区科协还积极调动辖区内中小学校参加"科普中国——非常小答客"竞答活动等，让青少年学习抗疫小知识，增强自我防护意识。积极动员基层科协组织开展线下科普工作，举办"创意木工""3D 打印哈利·波特的眼镜""弹力小车制作""2020 年寒假中学生天文提高班"等活动，激发和提高了孩子们的想象力、创造力和动手能力，充分体验科学知识在生活中的重要应用。

3. 依托两件"绿色大事"，成功打造"延庆乡亲"品牌

北京延庆是 2019 北京世园会举办地和 2022 北京冬奥会三大赛区之一，两件"绿色大事"的举办和筹办对延庆区志愿服务水平提出了更高的要求，延庆借此机会塑造并推广志愿服务品牌"延庆乡亲"，获得了非常好的反响。各街乡镇新时代文明实践所在春节前依

托村（社区）新时代"心灵加油站"专门开办了世园知识讲座，以各基地、所、站为单位开展"绿色生活 美丽家园"知识竞赛等活动。世园会举办期间，延庆市民积极参与、热情服务，全区参与社会志愿服务达 152.5 万人次，打响了"延庆乡亲"首都志愿服务品牌，市民文明素质得到普遍提升。

二 存在的问题

延庆区新时代文明实践科技志愿服务已经取得了一些初步成效，总结了一些有效经验，也存在不少问题和困难，主要表现在以下几个方面。

（一）资源整合力度不足，宣传力度不够

虽然延庆区试点在资源整合方面下了大功夫，但目前各方面资源整合的水平仍对科技志愿服务的进一步开展有所制约。57.82% 的志愿者认为"文化、教育、科技、宣传等各方资源和管理没有完全打通，资源整合力度不足"，实际运行中有效供给不足、供需错位等现象仍存。中国科协、市科协系统资源分散、各自为战的情况还较普遍。52.38% 的志愿者认为"宣传工作有待加强，科技志愿服务意识有待提升"（见图 8 - 17）。同时，有超过一半的公众认为"宣传力度小，人们对志愿服务活动了解甚少"（58.40%）、"志愿服务队伍规模有限，未能形成社会总动员"（55.14%）（见图 8 - 18），科技志愿服务的宣传力度有待加强。

（二）延庆区科普基础设施建设薄弱，科技科普志愿活动开展受限制

延庆区科普基础设施建设较为薄弱，流动科技馆、科普大篷车巡

文化、教育、科技、宣传等各方资源和
管理没有完全打通，资源整合力度不足　　　　57.82

宣传工作有待加强，科技志愿
服务意识有待提升　　　　52.38

各类支撑和保障力度仍显不足，
限制文明实践工作质量的提升　　　42.86

科技志愿服务的形式需要进一步创新　　36.39

上级部门及组织重视不够，对设立新时代
文明实践中心的政策落实不到位　　35.71

其他　4.76

0　10　20　30　40　50　60　70（%）

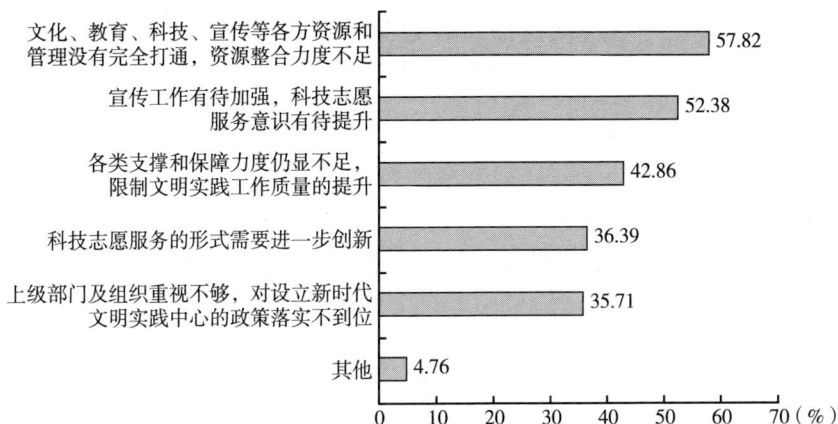

图 8-17　科技志愿者认为科技志愿服务存在的问题

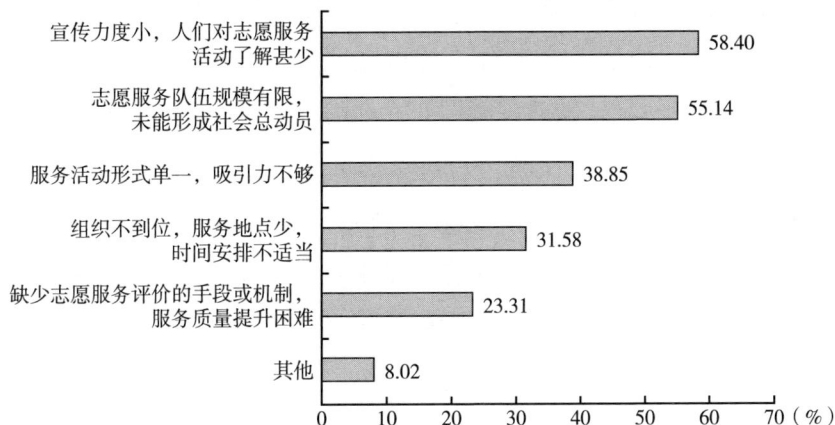

宣传力度小，人们对志愿服务
活动了解甚少　　　　58.40

志愿服务队伍规模有限，
未能形成社会总动员　　　　55.14

服务活动形式单一，吸引力不够　　38.85

组织不到位，服务地点少，
时间安排不适当　　31.58

缺少志愿服务评价的手段或机制，
服务质量提升困难　　23.31

其他　8.02

0　10　20　30　40　50　60　70（%）

图 8-18　公众认为科技志愿服务存在的主要问题

展的覆盖率较低，举办的科技科普活动也相对较少，严重阻碍了公民
科学素质的提升。部分公众认为"服务活动形式单一，吸引力不够"
（38.85%）、"组织不到位，服务地点少，时间安排不适当"
（31.58%）、"缺少志愿服务评价的手段或机制，服务质量提升困难"
（23.31%）是活动效果不佳的原因（见图 8-18）。部分志愿者则认为
"各类支撑和保障力度仍显不足，限制文明实践工作质量的提升"

（42.86%）、"科技志愿服务的形式需要进一步创新"（36.39%）、"上级部门及组织重视不够，对设立新时代文明实践中心的政策落实不到位"（35.71%）（见图8-17）。此外，注册系统烦琐，需专家自己在系统发布，严重制约了各领域资源的效用发挥和活动的开展。

（三）志愿者专业性不强，志愿服务保障不足，"三长制"落实难

延庆区组建的专业志愿服务队，除了平台招募外，还在实践中心、所、站进行招募。从科技志愿者群体人员构成分布统计发现，72.11%的成员主要是村民、村委和在职科技人员，延庆区没有专门的科技志愿队，科教文卫体都在别的队伍里，资源难以统筹，"三长制"很难落实。志愿者认为在科技志愿服务工作中遇到的主要困难依次为："资金不足，缺乏保障"（76.00%）、"社会上科技志愿服务组织太少，缺乏有效的管理"（56.00%）、"对志愿者权益的保障比较欠缺"（56.00%）、"没有明确的奖励机制"（44.00%）、"上级部门和组织重视不够，人们对科技志愿服务的理解不深"（29.33%）和"其他"（1.33%）（见图8-19）。

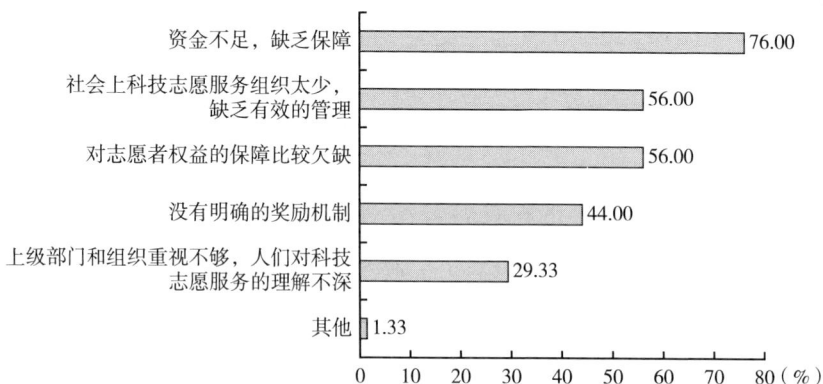

图8-19 科技志愿者认为在科技志愿服务工作中遇到的主要困难

三　对策与建议

（一）整合资源，打通壁垒，加强宣传引导

在开展新时代文明实践科技志愿服务中坚持激活、整合、下沉、共享，把各类阵地资源、文化资源、人才资源等挖掘调动起来，打通、贯通、连通，形成整体合力。积极与市科协、省科协加强联系，在"科普中国""学习强国""中国文明网"等平台积极发布相关科普志愿活动服务信息。动员职能部门多在基层组织成立学会，并举办学会活动，整合各类资源，调配各方力量，创新方式方法，勇于探索，不断总结和提升，最大限度提升资源的综合使用效率。同时，在建设新时代文明实践中心时，应积极组织引入社会力量参与，让社会力量成为科技志愿服务不可或缺的组成部分。总结试点特色和共性问题，加强宣传引导，推动基层党建、产业发展、文明建设并举，形成助推乡村振兴的合力，组织动员广大群众积极投身到新时代文明实践活动中，进一步推进开展新型农民培训和新农村文化建设。建议区科协围绕科技科普制作系列展品、展具、图书、视频，统一印制科技志愿服务的 Logo，既能提高科协组织的权威性、知晓度，也能为基层科协提高技术提供物质支撑。

（二）加强科普基础设施建设，促进活动开展

推进科普驿站、科普大篷车等科普基础设施建设，着力搭建群众乐于参与、便于参与的文明实践活动平台与载体，开放更多场地供活动使用。与高校、科研院所开展合作交流，打造基层科普教育基地，推进农村中学科技馆建设，并推动其向周边居民开放。在工作实践中，积极创新活动载体，采用线上线下相结合的方式开展形式多样的

科技志愿服务活动。挖掘出更多让群众喜闻乐见的活动形式，例如采用公众喜闻乐见的微信短文或短视频等形式开展宣讲活动。鼓励企业参与社会化科普场馆的建设和进行科普场馆开放，出台类似科普场馆免费开放资金补贴的优惠政策，提高全社会参与科普事业的积极性。要激发长效动力，依靠企业和社会场馆发挥作用，科技与科普志愿服务活动的宣传、培训、推广等方面的科普资源也可以依靠企业和社会提供。

（三）健全志愿服务体系，充分发挥"三长"作用

加强对志愿者和志愿服务活动的保障，激励志愿者有序、持续地开展志愿服务。探索建立志愿服务扶持保障机制，强化志愿者保障与礼遇等方面的制度建设，加强对志愿服务的指导和激励，促进志愿服务常态化、长效化开展。适当引入间接激励机制，让更多的人奉献出宝贵的时间和精力，参与志愿服务。坚持以精神鼓励为主，增强志愿者的成就感和荣誉感。推行志愿者星级认证制度，建立完善以志愿服务时长为基础、服务评价为补充的志愿服务评价体系。探索设立志愿服务"时间银行"、积分超市等，落实星级评定、优先公共服务等礼遇措施。阶段性宣传表彰优秀志愿者、志愿服务组织、志愿服务工作者，培育志愿文化。充分发挥"三长"作用，以此作为打造区科协基层组织建设"升级版"的有效手段。充分调动基层科教文卫农等领域科技专家的积极性，建立有效机制和平台，带动医疗、教育、农业等资源向农村社区倾斜、向基层一线倾斜，多元化开展各类科技志愿服务。

图书在版编目（CIP）数据

科技志愿服务的理论与实践/郑念，王丽慧主编
. -- 北京：社会科学文献出版社，2021.12
ISBN 978 - 7 - 5201 - 9361 - 0

Ⅰ.①科… Ⅱ.①郑… ②王… Ⅲ.①科学技术 - 志
愿者 - 社会服务 - 研究 - 中国 Ⅳ.①D669.3

中国版本图书馆 CIP 数据核字（2021）第 227969 号

科技志愿服务的理论与实践

主　　编／郑　念　王丽慧
副 主 编／严　俊　尚　甲

出 版 人／王利民
责任编辑／薛铭洁
文稿编辑／周浩杰
责任印制／王京美

出　　版／社会科学文献出版社·皮书出版分社（010）59367127
　　　　　地址：北京市北三环中路甲 29 号院华龙大厦　邮编：100029
　　　　　网址：www.ssap.com.cn
发　　行／市场营销中心（010）59367081　59367083
印　　装／三河市龙林印务有限公司

规　　格／开　本：787mm × 1092mm　1/16
　　　　　印　张：13.75　字　数：183 千字
版　　次／2021 年 12 月第 1 版　2021 年 12 月第 1 次印刷
书　　号／ISBN 978 - 7 - 5201 - 9361 - 0
定　　价／158.00 元